中國學術思想研究輯刊

三九編

林慶彰 主編

第9冊

莊子淑世精神的現代實踐（中）

黃薏如 著

花木蘭文化事業有限公司

國家圖書館出版品預行編目資料

莊子淑世精神的現代實踐(中)／黃薏如 著 -- 初版 -- 新北市:
花木蘭文化事業有限公司，2024〔民 113〕
目 4+156 面；19×26 公分
（中國學術思想研究輯刊 三九編；第 9 冊）
ISBN 978-626-344-581-9（精裝）
1.CST：莊子 2.CST：研究考訂 3.CST：學術思想
030.8 112022472

中國學術思想研究輯刊
三九編 第 九 冊 ISBN：978-626-344-581-9

莊子淑世精神的現代實踐（中）

作　　者 黃薏如
主　　編 林慶彰
總 編 輯 杜潔祥
副總編輯 楊嘉樂
編輯主任 許郁翎
編　　輯 潘玟靜、蔡正宣 美術編輯 陳逸婷
出　　版 花木蘭文化事業有限公司
發 行 人 高小娟
聯絡地址 235 新北市中和區中安街七二號十三樓
電話：02-2923-1455 ／傳真：02-2923-1452
網　　址 http://www.huamulan.tw 信箱 service@huamulans.com
印　　刷 普羅文化出版廣告事業
封面設計 劉開工作室
初　　版 2024 年 3 月
定　　價 三九編 23 冊（精裝）新台幣 62,000 元

莊子淑世精神的現代實踐（中）

黃薏如 著

目次

上冊

下　冊

第肆章　莊子淑世精神的具體實踐一：生理營衛〔註1〕之道

在這競爭快速的時代，現代人的生活無不充滿困惑和無奈，彷彿已漸漸迷失方向，在黑暗中找不到出口，這種靈性的乾枯，只能一昧的空轉，不單只是求生存般被物質掩沒，也忘記了生活的目的，故藉由莊子的淑世智慧幫助吾人回應內在的呼喚，找到自身出路，發覺真正的平靜快樂，獲得身心的平衡，是本文關注的核心精神。面對現今紛擾的社會，頭腦長期塞進過多的資訊，負荷超標的生活壓力下，外在的刺激讓身體的感官一再失衡，而身陷其中的吾人，早已失去了原本舊有的生命節奏。老子說：「躁勝寒，靜勝熱，清靜為天下正。」（〈第四十五章〉）〔註2〕煩躁容易讓人心生不安，相反的「靜」則使人身心平和，放掉煩憂，可見「守靜」對於現代人而言是迫切值得學習的人生功課。內心能常保持平靜者，心無罣礙，生命自然回歸本位。要想恢復自身虛靈明覺之性，故透過莊子淑世精神的啟迪，解消生命的躁動，進而讓生活更加美好。針對形體部分，煩躁的心思，過多的追求，容易讓身心過於失衡，於是疾病就找

〔註1〕內經所說:「營中有衛，衛中有營」由此二者生理作用可說是互相關聯，相互依存。營氣又以天食以五味，而衛氣是由鼻頭之氣以滋養，即是說:口之氣養營，鼻頭之氣養衛。營衛作用應皆由心力之所主。營衛偕行氣血於經脈。衛之作用主體與大氣交換維護，即是吸引氧氣，燃燒體內營養物質，作為氧化之用，以行營氣之生理作用。因此呼吸消化就是以衛氣生理基礎，以發揮保衛生病時身體之力量。故從經言說：「營行脈絡中，衛走脈外」，各行其應走之道，如此營衛作用內外，貫通周行全身。二者之間的配合是不能分開。林錦成：〈有關營衛生理現代觀之探討〉，《中醫藥研究論叢》第12卷2期（2009年9月），頁43～57。

〔註2〕〔魏〕王弼注、樓宇烈校釋：《王弼集校釋》（臺北：華正書局，1992年），頁123。

上門來，老子說：「谷神不死，是謂玄牝。玄牝之門，是謂天地根。綿綿若存，用之不勤。」(〈第六章〉)〔註3〕河上公注：「谷，養也。人能養神則不死也。神，謂五藏之神也。肝藏魂，肺藏魄，心藏神，腎藏精，脾藏志，五藏盡傷，則五神去矣。」(〈第六章〉)〔註4〕故調心養神的方法就是要透過虛靜的修養工夫，守護自身五臟，養氣養神，精氣神足，身體自然能夠健康。而莊學的工夫同時也是境界，透過撥除一切有為造作後回歸逍遙狀態，使得精神層面有所安頓，方能破解世俗價值觀的侷限，活出自我，這不僅是從形而上學的高度傳遞的思想概念，更是生活中可以實踐的具體行為。當然莊子並非藥物，有一定平均值的藥效，運用莊子的思維去解除壓力兩者間也沒有絕對的必然性，但不可否認其理念是在正統醫療之外的一種心靈解脫，一種在生命體會與智慧的開啟上，開展了另外一條可能的途徑。

以筆者多年醫護經驗而言，當身心失衡時，單靠藥物治療還是有其限度。不論是輕型的啟動身體修復的自我調節，或者配合醫療較為嚴重的心理疾病，皆必須雙管齊下，也就是一方面配合身體的機能修復，一方面重塑生命價值的方式。前者目前由受過醫學專業訓練的精神科專科醫師接手，後者則是比較缺乏的一塊，因為要協助個案在轉變心態和建立嶄新的人生觀產生影響，是包含對自我的改變、對社會的因應態度等，而莊子的生命智慧正可以做為切入後者的方法之一。若吾人可接受上述觀點，那麼莊子在心境上的修養必然有助於吾人在主體養成的實踐行為。現代人因生活過於忙碌，往往身心不一，而產生一些身心分離的症狀，透過莊學淑世精神的生命智慧，重新從身心靈的整全面向觀照自身，養成吾人身心面對外境時，擁有較為妥當的因應方式，同時也呼應現代情緒管理及生命教育，這觀點不只是筆者獨有此看法，實際上目前學界及社會趨勢皆有此走向。〔註5〕因此吾人可以了解把莊子的智慧實踐於主體養成的重要性及實際的助益。接下筆者將接續探討莊子淑世精神的理論基礎及實踐模組如何對應到現代人的生活型態，進一步獲得身心安頓。基於此概念，本文主體養成部分主要分成

〔註3〕〔魏〕王弼注、樓宇烈校釋：《王弼集校釋》(臺北：華正書局，1992年)，頁6。

〔註4〕〔漢〕河上公注，王卡點校：《老子道德經河上公章句》(北京：中華書局，1993年)，頁21。

〔註5〕黃文聰的《身心靈全人養生樂活實踐之初探——生活實踐的模型建立與實證研究》、張宏達的《〈大宗師〉的生命哲學及其現代意義》、黃雅岑的《論莊子哲學對樂活觀念的啟示》、林鳳玲的《《莊子》論生命困境與化解之道》、王秀中的《論莊子生命治療之意義及其應用——以國小輔導工作為中心》等研究資料。

兩章論述，第肆章先探討「生理營衛之道」，第伍章則是「虛心見真之道」，從中獲得主體養成之啟發，以作為安頓身心，實踐生命厚度之指引。

本章呼應莊子的生命提問脈絡，故在生理健康議題上，直接聚焦於內在部分著墨，至於如何達到生理健康的外顯論述，可參考筆者過往碩論及期刊等拙作〔註 6〕，不再贅述。本文直接切入當今火紅的全民瘦身運動、整形風潮及疾病生死議題給予內在反思性的回應。倘若至人若是體道達至之人，理當應該擁有各方面的整全，在這完美的標準下，至人不就非得是俊男美女、或者擁有黃金比例的體態、或者像鋼鐵人般百毒不侵嗎？到底達至之人能不能也可以長的其貌不揚？能不能也可以是個胖子？面對健康議題時，至人能不能逐漸變老？能不能偶爾也生個小病、或者領個重大傷病卡，甚至得到 2019 冠狀病毒（COVID-19）呢？問題意識來自於指導教授和筆者在討論第一線醫療場域，實際執行問題回應過程激盪出的發想，面對道家人格典範中的至人和當代美學，以及健康疾病相提並論時，出現思辨上的衝突？普通人乍聽「胖子」二字，第一個聯想就是美醜議題，再來就是胖子罹病機率高。倘若至人是道家人格典範代表之一，至少有三點可進行探析。其一，以美學視角下，在個人形象胖瘦美醜的標準上，至人可以是個胖子嗎？其二，在經驗科學視角下，世界衛生組織（WHO）及臺灣國民健康局目前對於健康體位的衡量標準是由「身體質量指數」（Body Mass Index，簡稱 BMI）〔註 7〕來

〔註 6〕筆者認為健康的生理形態養成，影響形軀生命的關鍵至少有營養與飲食的均衡、規律作息和睡眠、運動休閒體適能三大部分，並詳細論述如何做到。此外更進一步從飲食、體態、容貌和長生四部分帶入老莊的慧見。黃蕙如：《老子思想與當代公衛護理研究——以「健康促進」為中心》（高雄：國立高雄師範大學經學研究所碩士論文，2016 年）及黃蕙如：〈老子自然觀對形軀生命之啟示〉，《育達科大學報》第 42 期（2016 年 4 月），頁 213～233；黃蕙如：〈老子自然思想融入高中「健康與護理」課程——以「健康生活型態」為例〉，收錄於《TASE 第 22 屆教育社會學論壇：教育卓越之後論文集》（嘉義：臺灣教育社會學學會，2016 年 5 月），頁 223～243。

〔註 7〕世界衛生組織建議以身體質量指數（Body Mass Index, BMI）來衡量肥胖程度，其計算公式是以體重（公斤）除以身高（公尺）的平方。國民健康署建議我國成人 BMI 應維持在 18.5（kg/m^2）及 24（kg/m^2）之間，太瘦、過重或太胖皆有礙健康。研究顯示，體重過重或是肥胖（BMI≧24）為糖尿病、心血管疾病、惡性腫瘤等慢性疾病的主要風險因素；而過瘦的健康問題，則會有營養不良、骨質疏鬆、猝死等健康問題，本文以下論述皆以 BMI 簡稱。詳情參照〈BMI 測試〉：《衛生福利部國民健康署健康久久網站》網站，2023 年 7 月 14 日，網址：https://health99.hpa.gov.tw/OnlinkHealth/Onlink_BMI.aspx（2023 年 7 月 14 日檢索）。

判定一個人的肥胖程度，BMI 指數愈高，罹患肥胖發生疾病機率相對也就愈高。若以健康體位的衡量標準而言，至人可以是個胖子嗎？其三，道家認為道者路也，路者通達也，倘若以通達概念運用於身體層面，體道之人理當身體機能活絡，氣血暢通，展現通達才叫道，那麼至人一定要很健康嗎？換言之，至人若是體道達至之人，他可以是個胖子嗎？若是體道證真之人，他能夠生理機能有所不全嗎？倘若可成立，莊子又該如何回應？〔註 8〕這是個有趣值得探究的議題。

基於此構思，本節勾勒兩個環節，分別為「生理營衛之道的理論基礎」及「生理營衛之道的具體實踐」闡述之。其一「生理營衛之道的理論基礎」先回顧近二十年重容貌的價值轉換，對臺灣社會主流價值影響為何？面對社會主流價值時，莊子看法為何？莊子如何由物化觀探析主流價值之侷限。面對社會主流價值時，醫護看法又為何？如何從衛教反思重容貌主流價值？莊子人格典範的至人，如何回應重容貌主流價值帶來的挑戰？第五，面對形軀老化、病痛及死亡議題時，莊子又是如何看待？其二「生理營衛之道的具體實踐」透過一對一庖丁解牛案例分析，探究人們面對生理的任何議題時，如何透過莊子淑世精神實踐模組的四大架構，分別為「走在關鍵的決策」、「生命道路的通達」、「高瞻遠矚的智慧」、「內外辯證的實踐」回到生命的通達，藉此呈現莊子淑世精神的具體實踐。

第一節　生理營衛之道的理論基礎

人從出生就離不開這個身體，這個靈魂的牢籠台語叫做「肉籠子」。只要一套上它，就必須要開始與之共處，直到離開人世間。不論是荷爾蒙、內分泌、陰陽的調和等，都會直接影響吾人每天的主體行動力。身體機能隨著老化過程會越明顯，越覺無法掌控，因此「生理」是筆者認為人生五個基本「有待」(〈齊

〔註 8〕《莊子》原文並沒有說胖不胖的問題，但跟莊子能否運用在解決胖瘦問題是兩件事，本文接下來「莊子淑世精神的具體實踐系列」從第肆章到第捌章處理現代人會面對的問題，在莊子原文中幾乎都不發生，例如：莊子沒有上網的問題，莊子沒有家裡狗死掉的問題，莊子沒有家裡要翻修的問題，莊子沒有遇到鬼的問題等。但莊子沒有說，顯然也不是意味相關問題無法處理，本文也不是孤名先發（詳見當代認為老莊淑世及應世的研究，頁數 41～52）只要吾人肯定莊子能為吾人帶來安頓身心，那麼他的精神就能為吾人的生命厚度帶來一定的指引。

物論〉）〔註 9〕中的一待（本文以為人生的基本五待為生理、心理、人際、環境及金錢）。要逍遙的前提學會與身體共處是必要的生命課題。除了造化外，另一個會影響吾人生理部分的，就是存在社會上對於容貌體態的主流價值觀，嚴重的話還會造成對於自我的強烈批判。因此，接下來本文共分五道程序回應身體形軀健康議題，分別為：「重容貌與現今臺灣社會主流價值」、「由物化觀省察重容貌侷限」、「由醫護衛教檢視重體態的價值觀」、「由至人觀反思重體態之價值意識」、「從生死觀論證至人與疾病之反思」進行闡述。

一、重容貌與現今臺灣社會主流價值

近 20 年國人受到哈日視覺系藝人及哈韓整形的風潮帶動下，臺灣從早期 1990 年前對於容貌的觀感還沒有那麼正面，男性擦粉會被取笑，認為是小白臉，缺乏男子氣概等，到不只女性愛美，男性也逐漸重視容貌的趨勢。在容貌裡面有很多標準，眾多標準裡有一個就是整形（美容），還有儀態（胖瘦）。近年美容產業如雨後春筍成立，臺灣醫學美容市場也跟上這波趨勢，根據 2020 年中央健保署健保特約醫事機構資料顯示，目前全臺就有 574 間皮膚科醫療機構，154 間整形外科醫療機構，總計 728 間成立。〔註 10〕看重美容業的產值，醫學系學生越來越多轉向自費醫療的美容整形科，形成臺灣醫療五大皆空（內科、外科、婦產科、小兒科、急診科醫師缺乏）的窘境。據教育部統計臺灣地區就有 40 間大專院校也紛紛成立美容相關科系，做足準備搶攻美容產業這塊大餅。〔註 11〕重容貌的主流價值，促進了臺灣美容整型業的風潮，也滿足了人們對容貌的欲望追求。臺灣對於容貌的價值觀逐漸在轉換之中，而這樣的轉換是不是對的，或者說這樣的轉換在莊子來說是怎樣的認為？對臺灣而言，

〔註 9〕待就是依賴，原文來自〈齊物論〉的一則寓言：「罔兩問景曰：『曩子行，今子止，曩子坐，今子起，何其無特操與？』景曰：『吾有待而然者邪！吾所待又有待而然者邪！吾待蛇蚹、蜩翼邪！惡識所以然？惡識所以不然？』」魍魎需要依賴影子而存在，影子需要依賴人而存在，雖是如此，但是否能讓自己在有待的情境中，也能保有無待的心，這是莊子所關注的。〔清〕郭慶藩注：《莊子集釋》（新北市：商周出版，2018 年），頁 88～89。

〔註 10〕〈健保特約醫事機構資料查詢〉:《衛生福利部中央健康保險署》網站，2023 年 7 月 14 日，網址：https://www.nhi.gov.tw/QueryN/Query3.aspx（2023 年 7 月 14 日檢索）。

〔註 11〕〈學校查詢〉:《教育部 108 學年度大專校院一覽表》網站，2023 年 7 月 14 日，網址：https://ulist.moe.gov.tw/Query/AjaxQuery/Discipline/1012（2023 年 7 月 14 日檢索）。

到底是促進了經濟，還是有可能帶來負面的相對影響，值得吾人探討。那麼到底什麼叫做美？古往今來對於美醜的看法皆有所不同，學界歷來對於審美觀的研究成果豐碩，光是線上期刊就有 19477 筆，碩博士論文有 2678 筆〔註 12〕，有從歷代演變、文學詩詞角度、宗教角度、全球化與在地化角度、設計美學角度、化妝品角度、音樂舞蹈藝術角度、古典通俗小說角度、健康體育角度等，不勝枚舉，重點是每一個皆站在其立場表態各自審美觀，孰是孰非，如同「儒墨是非」（〈齊物論〉）〔註 13〕，誰能論斷。本段落呼應開頭道家是一門講究時間和空間的學問，在這眾多論述間，直接聚焦中國歷史的時間軸和全球化的空間軸做扼要探討。

縱觀中國審美觀的演化歷史，從上古母系氏族社會以繁衍下一代為主，強調能生育就是美，重視體態的粗壯結實，生殖性徵越明顯，乳房臀部越大代表越有生產力；夏商周春秋戰國時期，開始轉向封建制，認為遵守婦道，柔弱細膩是美，重視臉部精緻細膩形象；兩漢至南北朝時期前，受經學影響，進而強調婦德是美，重視秀外慧中，體態開始要求細腰骨感形象；後漢以及三國時期，對美的欣賞進入玄學化，重視修飾美，開始強調一白遮三醜的病態容貌；魏晉南北朝時期，雖最動盪不安，也是精神最解放的時代，受玄學影響，批判儒家道德虛偽，開始強調美的自覺，重視女性的才識，同時受佛教影響，重視自然飄逸，此期以個性美、自然美為主流；隋唐時期，絲綢開通中西文化交流，大氣雍容成為主流，強調額寬臉圓、體胖富態、健康自然樣，此期女性穿著較為奔放，袒胸露背展現性感美；宋元時期受理學影響，崇尚簡樸的審美觀，效法觀音菩薩清雅內斂型態，重視清秀嬌弱、削肩平胸、柳腰纖足的骨感美，此時

〔註 12〕筆者在關鍵字上輸入「美醜」及「審美觀」後查詢。《華藝線上圖書館》網站，2023 年 7 月 14 日，網址：https://www.airitilibrary.com/（2023 年 7 月 13 日上網）。《臺灣博碩士論文知識加值系統》網站，2023 年 7 月 14 日，網址：https://ndltd.ncl.edu.tw/cgi-bin/gs32/gsweb.cgi?o=d（2023 年 7 月 14 日檢索）。

〔註 13〕出自莊子〈齊物論〉：「夫隨其成心而師之，誰獨且無師乎？奚必知代而心自取者有之？愚者與有焉。未成乎心而有是非，是今日適越而昔至也。是以無有為有。無有為有，雖有神禹，且不能知，吾獨且柰何哉！夫言非吹也。言者有言，其所言者特未定也。果有言邪？其未嘗有言邪？其以為異於鷇音，亦有辯乎，其無辯乎？道惡乎隱而有真偽？言惡乎隱而有是非？道惡乎往而不存？言惡乎存而不可？道隱於小成，言隱於榮華。故有儒、墨之是非，以是其所非，而非其所是。欲是其所非而非其所是，則莫若以明。」〔清〕郭慶藩注：《莊子集釋》（新北市：商周出版，2018 年），頁 56。

外貌的嬌小瘦弱及內心的哀愁鬱悶，彷彿染上了時代的病態憂鬱，三寸金蓮也成了另一種美的標準。明清時期，強調內外兼備的審美標準，重視內在含蓄美，外在留長指甲及旗袍體態的合身度；民國初期，受戰亂及文革影響，逐漸鄙視嬌弱病態美，甚至有一段時期流行女漢子的前蘇聯式前衛審美風。民國期間，受西化影響多元開放，性感美、奔放美引領潮流。〔註 14〕由上述得知，將人類審美觀橫跨時空進行檢視，便會發現美的定義實在是非常主觀，因此本文得出小結，從古今各朝推論，美的評斷標準一直隨著時代背景及世俗眼光而有所改變。

以地球為場域，光是世界審美觀就有極大的差異，位於澳大利亞北面的新幾內亞人認為臉或背上要刺巨大圖騰才是美；非洲的 Fula 部落人，認為高額頭才是美，會特意讓自己的髮線往後移；西非阿拉伯國家之一的茅利塔尼亞伊斯蘭共和國，認為越胖越好，有肉才是美，太瘦還會被強制增肥；歐美擁有前凸後翹、豐腴與大臀部是被視為性感的壯碩美，他們會想去健身房，利用提臀和深蹲將自己臀部變大，反觀亞洲女性常因為臀部大而煩惱。位於衣索比亞的穆斯人認為嘴唇上的盤子越大代表越富貴；位於西亞的伊朗人追尋的是歐洲人尖挺又小巧玲瓏的鼻子，不惜耗盡積蓄將自身的鷹勾鼻變小，他們甚至認為術後樣子是權位的象徵，稱為「榮耀的繃帶」，沒錢也會假裝貼一下。中亞塔吉克共和國人，認為 M 型眉毛才是幸福象徵，因此會想辦用化妝品把它畫黑型呈一字眉。泰北跟緬甸邊界的長頸族認為脖子長像天鵝才是美；亞洲女性，包含中國、泰國、韓國、日本、臺灣等都認為白就是美，重視防曬，追求一白遮三醜，當中又以南韓認為臉小才是美，日本則是要有虎牙。因此，美麗的標準真的是因人因地區而異，這些影響也在臺灣主流價值中被滲入，產生某些層面的引導性，只是相對西方的影響，東方文化性及哈韓、哈日明星潮流下，日韓兩國對臺灣的影響更甚。由宏觀全球視角再逐漸拉到自身國家場域，中國各地不同民族的審美觀，例如：蒙古遊牧民族、藏族、苗族和平埔族等，也有所差異。回到自身場域，不同生理結構的性別下，男生和女生認定的審美觀也有所不同，例如：人魚線男、肌肉線條男、文青男；蜜桃臀女、馬甲線女、人造

〔註 14〕上述概念參考葛瀚聰：《中國古代審美觀之演變》（香港：科藝文化中心，2000 年），頁 4～6；南弦子：《中國歷代美女傳奇》（香港：和平圖書，2012 年），頁 5～7；李建群、肖英：《當代中國審美觀念變遷的表徵及批判》（南京：南京社會科學，2018 年），頁 2；于民：《春秋前審美觀念的發展》（北京：中華書局，1984 年），頁 24。

美女等。甚至同樣性別，還同一個人，在隨著學齡期、青春期、青年、壯年到老年階段，不同年齡對於審美觀也會微調。總之，美的價值觀實在眾多且繁雜，更別說還個別站在每個專業領域進行表態的審美觀。

綜合以上論述，得知審美觀具有時代性和動態變化的特徵，不論從歷史演變或是全球不同場域不同種族的好惡，都說明當今認為瘦是美好的這件事，並不是古往今來都是。論外在形貌胖瘦為美醜，這是一個浮動的價值觀，既然浮動就不可能做為一個真理檢證的標準。雖是如此，胖瘦美醜的價值觀，卻已然對於現實生活造成極大的影響力，甚至是殺傷力。透過推論明白處於現實之中，真正能夠傷害吾人或使吾人感到優越的價值觀，都不是真相。人很容易接受流行，聽起來耳順的知識，常常因為普羅大眾認為如此，就想當然的跟著接受，缺少思辨的能力。許多觀念吾人常落入以為聽熟，就自以為懂了的思維誤區，然而聽熟（聽說此事）跟聽懂（知道事物本質）根本是兩碼事。話雖如此，生活在處處都是審美標準的環境底下，還是很容易在某種程度上，有意識無意識的被這些浮動的社會價值觀影響。難以跳脫時代洪流，加附在吾人身上的審美枷鎖，老莊面對此議題時又該如何回應，接下來就用莊子的物化觀來反思重容貌對現代人的侷限。

二、由莊子物化觀省察重容貌之侷限

時代至今走到的主流審美觀認為瘦才是美，擁有特定明星的五官面容或纖瘦的體態才是美，世俗多數人認為肥胖是不好的。在這時代背景下，至人陷入的困境是至人能否是個胖子？基於莊子人格境界的至人，又該如何去回應胖瘦美醜的問題？倘若吾人談論的肥胖指的是外型上的肥胖，那麼對莊子而言，外型上其實根本無足掛於心。因為每一個存在都有其存在的美好，所以形反而是一個侷限。形不應該是個被關注或形塑的部分，所以莊子用了大量篇章去談形這個概念的解消。如果形是可以被固定做為一種價值評斷的話，他不會一開始〈逍遙遊〉就說「北冥有魚，其名為鯤，鯤之大，不知其幾千里也。」〔註15〕這當中的鯤化為鵬就是形的轉換，如果形就是固定美好的，那鯤化為鵬形的轉換豈不就變成了不美好。反而莊子告訴吾人要層層去化解形的侷限，讓自己能夠不斷突破其形。

同樣〈逍遙遊〉「惠施葫蘆」一則，惠施跟莊子說：「魏王貽我大瓠之種，

〔註15〕〔清〕郭慶藩注：《莊子集釋》（新北市：商周出版，2018年），頁17。

我樹之成而實五石，以盛水漿，其堅不能自舉也。剖之以為瓢，則瓠落無所容。非不呺然大也，吾為其無用而掊之。」惠施種的種子得出了大瓜，卻不知道如何使用？莊子回應惠施「固拙於用大」〔註16〕，說明無用之用是為大用，惠施問題就是不知用大，因此惠施也是被形體所局限。套用在胖瘦美醜的議題，這個人若是胖子，就是不知如何善用胖的優勢。換言之，胖可能對於一般社會人認為是缺陷或侷限，可是對於一個開心或體道的胖子而言，或許這是他生命中的利器，因為讓他以無厚而入有間。迪士尼動畫最具禪宗故事的「功夫熊貓」〔註17〕影集中，男主角阿波之所以會被選上當神農大俠成為大英雄，最關鍵的因素就是他夠胖，阿波長得圓滾滾，胖到再強的對手使勁洪荒之力也點不著他的穴位。

〈齊物論〉中「莊周夢蝶」這一則寓言更是經典，其云：「昔者莊周夢為胡蝶，栩栩然胡蝶也，自喻適志與！不知周也。俄然覺，則蘧蘧然周也。不知周之夢為胡蝶與，胡蝶之夢為周與？周與胡蝶，則必有分矣。此之謂物化。」〔註18〕上述寓言打破形的侷限。讀〈齊物論〉第一則寓言要和最後一則寓言相對來讀，從吾喪我一開始道出的天、地、人「三籟」〔註19〕到「莊周夢蝶」〔註20〕，講的就是人跟自然事物不管是不是得之於天，自己跟他人的形就長的千差萬別，還並非自願，父母生下就是如此，如同豬出生就是豬的樣子，不可能變成人。換言之，人是有限的形這件事是事實，透過人的有限產生出

〔註16〕此段前三行引文皆出自〈逍遙遊〉一則，莊子對惠施的回應強調無用之用。莊子曰：「夫子固拙於用大矣。宋人有善為不龜手之藥者，世世以洴澼絖為事。客聞之，請買其方百金。聚族而謀曰：『我世世為洴澼絖，不過數金；今一朝而鬻技百金，請與之。』客得之，以說吳王。越有難，吳王使之將。冬，與越人水戰，大敗越人，裂地而封之。能不龜手一也，或以封，或不免於洴澼絖，則所用之異也。今子有五石之瓠，何不慮以為大樽而浮乎江湖，而憂其瓠落無所容？則夫子猶有蓬之心也夫！」〔清〕郭慶藩注：《莊子集釋》（新北市：商周出版，2018年），頁40。

〔註17〕美國夢工廠出品的動畫大片「功夫熊貓」是一部將中國武術與國寶熊貓完美結合的產物，這部影片講述了一個懷著功夫夢的熊貓阿波，本是一個沒有武術功底的麵店小老闆，在命運的安排下達成夢想，最終成長為能夠拯救人民的英雄的故事。此劇透過分析動漫作品示現武俠精神、武功招式及其成功之處，為武俠動漫製作提供指標性的借鑒。劉喜梅、崔紅娟、朱衛紅：〈天真爛漫的中國式武俠〉，《電影文學》第12期（2010年7月），頁21～22。

〔註18〕〔清〕郭慶藩注：《莊子集釋》（新北市：商周出版，2018年），頁90。

〔註19〕可參照第貳章「莊子淑世精神的理論基礎」中「〈齊物論〉泯除成心」一段。

〔註20〕〔清〕郭慶藩注：《莊子集釋》（新北市：商周出版，2018年），頁90。

的一種可能就是有限，在對於天的體會只能透過這個有限的形去體會出來。每個人的形塑的成心不同，因此不同的人在不同情況下，甚至在相同情況下，聽聞相同的道理，所產生的悟境也不相同。意思是倘若老子和莊子同時出現在筆者面前，三人同時走在路上看到的世界是不一樣的樣貌。因此，人是不同的形，會因為形的差異侷限，體會出的道理也會有所不同。換言之，只要身為人體會到的事物，永遠不可能是整全的，如同犀牛望月，受自身牛角侷限，怎麼看月亮都不圓。

既然有限的形體是現實，如何不被這個形體所侷限，就是落實的工夫所在了。因此，〈齊物論〉講的形若枯槁心若死灰，說的就是解消形的工夫，故提出「吾喪我」〔註21〕。那麼解消形的工夫如何印證？風吹過自身的時候，彷彿是大道通過一片很暢快的康莊大道或一片曠野，完全是寂靜遼遠，沒有任何遮蔽物的，這是一種虛空中沒有違章建築的概念。老子說：「大音希聲」(〈第四十一章〉)〔註22〕因為沒有任何形去阻礙其產生摩擦的聲音，所以形在這個地方，雖然自身有形，但可以期許自身做到使得所有一切的道都從吾人這邊穿透。同時也不因萬物的形，而對其有所限制，王弼說：「因物之性，不以形制物也。」(〈第二十七章〉)〔註23〕。

從這裡再回頭看「莊周夢蝶」這則寓言，它指的是我跟我自己之間不再有任何隔閡。因為夢跟我之間就是我的意識和我的潛意識，也可以是我生活中反省到和沒有反省到的面向，這完全是內化在我的生命之中。而我就以這樣方式過生活，就是以這樣的方式穿透形的隔閡，做不同面向的切換。還是一樣每天吃喝拉撒睡的過生活，還是可以醒來時人模人樣，睡著時就換了一個人。然後有一天猛然驚覺其實都一樣，都是我自己，這時候就會發現我自己還是自己，當中沒有分別。因此，面對生命當中想要追問的議題時，吾人也可以善用自身的意識和潛意識的切換，讓自己從夢境或者潛意識的催眠態中認識自己，進而從中逐漸整合自己，達到「其寢不夢」(〈大宗師〉)〔註24〕的真人境界。簡單講就是身心合一，無須再透過不同面向的切換讓自己身心回到抱一狀態。再看

〔註21〕〔清〕郭慶藩注：《莊子集釋》(新北市：商周出版，2018年)，頁46。

〔註22〕〔魏〕王弼注：《老子道德經注》，收入於樓宇烈校釋：《王弼集校釋》(臺北：華正書局，1992年)，頁117。

〔註23〕〔魏〕王弼注：《老子道德經注》，收入於樓宇烈校釋：《王弼集校釋》(臺北：華正書局，1992年)，頁70。

〔註24〕〔清〕郭慶藩注：《莊子集釋》(新北市：商周出版，2018年)，頁165。

〈人間世〉裡的支離疏若換成大胖子，因為太胖所以不用當兵，不用當兵後，有很多時間學不同的手藝，獲得很多勞委會的補助外，還可以在家享受陪家人的天倫之樂，這何曾不也是一種幸福。筆者在臨床工作時照顧過一位先天弱智又體重超標的個案，她就是一個典型快樂的胖子，常以自己有殘障手冊坐火車，可以讓陪她的人享有半票價為榮，並享有很多政府的福利。因為不用工作，所以每天打掃拖地，讓家裡舒適又乾淨，她認為她的存在造福了周遭人。

綜合上述得知三個結論：其一，形是造成吾人成心的關鍵，如何得知形是吾人成見的關聯，就是從天地人三籟道出。其二，形是可以被轉換的這件事，透過吾喪我的工夫可以做到。其三，形被轉換後的境界就叫「物化」。為何常說〈齊物論〉篇章很有趣，一開始講天地人三籟看似沒頭沒尾，還問號結束，而問號的答案就在最後一章的「莊周夢蝶」。因此，本段落運用「鯤化為鵬」、「惠施葫蘆」、「天地人三籟」、「莊周夢蝶」、「支離疏」五個寓言故事，說明莊子認為形是一種侷限。闡述脈絡先用鯤鵬的小大對舉，說明真正的問題不在外在形貌上，而在於知。如何檢證自己在有限知上做了超越？就是扣回生命去實踐時，能否做到不限其形，化有用為大象無形的無用。這形還有分成兩種，一種是用天地人三籟談的「我和萬物的形」，另一種則是用莊周夢蝶談的「我和自己的形」。如何突破形成為侷限的工夫，莊子帶出「吾喪我」來解消對於形的成心。突破後要歸於何處？莊子說回到真，也就是老子的樸。莊子用物化觀破除世人對於形的侷限，扣回體態容貌議題，世俗認為的美醜是一個浮動的價值觀，既然浮動就不可能做為一個真理檢證的標準，因此形不應該是個被關注或形塑的部分。對於莊子而言，胖子作為一個美醜的角度，他不該是被侷限的東西。更何況什麼叫做胖？每一個時代不一樣。換言之，人的形貌本身就是個侷限，臉部的容貌和身體的體態皆能用物化觀有所回應，當解消對於美醜的人為價值判斷，使得浮動的價值不成為阻礙，就能回到生命的暢達。

三、由醫護衛教檢視重體態的價值觀

從健康標準上，要如何證明至人也可以是個胖子？莊子又如何去承認至人也可以成為胖子？首先要研究一個當代性課題時，吾人立基在研究方法上採取的創造性詮釋，在《莊子》文本上做更進一步的創造性發揮來面對時代課題。在健康議題上，儘管莊子在文本中從未提及胖子，也沒有提到胖子與至人的關係。但是有沒有可能把胖子排除做為一個真人的必要條件呢？這是一個本文思考的面向。本文認為雖然莊子沒有對至人的具體形象談到肥胖問題，但是胖子在德行修養能夠得到一樣的成就。倘若胖也是個殘缺，那為何不能像哀駘它、支離疏一樣？胖子也可以是一個體道之人，因此至人不能把胖子作為一個應用門檻。而本文的一貫精神重點，就是基於一個創造性詮釋來看待，在研究方法上，本文有其獨特之處，在於不只是做文獻分析和回顧，而是討論能否在應用層面上更跨出一步。換言之，本文採用創造性詮釋法，嫁接理論層面跨出具體行動的部分，故在關於探討肥胖議題上，會溢出莊子文本之外。其實莊子沒有講是否意味著相關議題不能說，顯然不是，當今環保議題也有許多學者運用莊子來談生態美學。因此倘若能夠處理，就要探討能夠處理的有效性在哪裡？胖子與至人的關係是這樣，在莊子的精神中，胖子是不是絕對不可能等於至人嗎？顯然不是。莊子裡描述的人物支離疏、王駘、叔山無趾、申徒嘉等，每一個大家都不一樣，莊子就是告訴吾人不一樣剛好就是最美好的部分。所以，不一樣剛好就是成就整全美好的部分，這個叫至人境界。因此，基於一個創造性詮釋，面對當今浮動的健康標準，至人不一定要成為胖子，但至人可以是一個胖子。換言之，至人能否是個胖子，跟至人一定是個胖子是不等同的，也就是至人不一定要成為胖子，但至人可以是個胖子。

儘管在健康標準上，胖與不胖是一個浮動價值，各國也都對於健康飲食指南定義不斷進行修正，這些浮動的標準仍是不斷的影響國人。以臺灣而言，衛生福利部國民健康署每隔一個階段，會依國人目前營養狀況、最新流行病學研究成果，以及國際飲食趨勢等，修正飲食指南，提出適合大多數國人的飲食建議。從早期民國 64 年的梅花圖型（如圖 4-1）〔註 25〕，到民國 100 年增加運動及飲水的扇形圖型（如圖 4-2）〔註 26〕，國人在生活水平提升後，熱量攝取普遍也過高，因此六大類食物從「五穀根莖類」改成「全穀根莖類」，「奶類」改成「低脂乳品」，「蛋豆魚肉類」的順序改為「豆魚肉蛋」，「油脂類」改為「油脂與堅果種子類」。

〔註 25〕陳燕華：〈健康飲食我最行〉，《衛生福利部國民健康署健康久久網站》網站，2023 年 7 月 14 日，網址：https://health99.hpa.gov.tw/article/ArticleDetail.aspx?TopIcNo=90&DS=1-Article（2023 年 7 月 14 日檢索）。

〔註 26〕陳燕華：〈健康飲食我最行〉，《衛生福利部國民健康署健康久久網站》網站，2023 年 7 月 14 日，網址：https://health99.hpa.gov.tw/article/ArticleDetail.aspx?TopIcNo=90&DS=1-Article（2023 年 7 月 14 日檢索）。

圖 4-1

圖 4-2

圖 4-3

圖 4-4

民國 107 年國人在精緻又高熱量飲食影響下，衛生福利部又將降低心臟血管代謝疾病及癌症風險的飲食原則加入考量，公布最新版每日飲食指南（如圖 4-3）〔註 27〕，提倡用雜糧取代精緻飲食，將扇形圖裡面的「全穀根莖類」改為「全穀雜糧類」；避免攝入過多的飽和脂肪，鼓勵以植物性蛋白質為優先選擇，並在蛋白質攝取的順序上，將蛋往前一個序位，於是將「豆魚肉蛋類」改為「豆魚蛋肉類」；近期研究發現攝取全脂乳品並不會增加心血管風險或造成肥胖，全脂低脂一樣好，故將「低脂乳品類」改為「乳品類」。衛福部國健署更效法美國大力推廣「我的餐盤」的營養概念，期望國人在飲食的方面，皆能獲得均衡營養（如圖 4-4）〔註 28〕。光是臺灣的飲食標準，就隨著國人的生

〔註 27〕黃青真、周怡姿、潘文涵、許文音、彭巧珍、陳巧明、呂紹俊、翁瑤棽、鄭裕耀、王果行：《每日飲食指南手冊》（臺北：衛生福利部國民健康署，2018 年），頁 1。

〔註 28〕〈國健署大力推廣「我的餐盤」營養概念〉：《臺灣時報》網站，2023 年 7 月 14 日，網址：https://www.taiwantimes.com.tw/ncon.php?num=42610page=ncon.php（2023 年 7 月 14 日檢索）。

活及飲食型態不斷做調整，說到底如何獲得健康的價值觀也是浮動，不是恆常的。不只臺灣，許多國家的政府也都會針對該國國民的生活型態、營養狀況以及各類食物取得的容易度，訂出適合自己國家的每日飲食指南。因此這世界上並不存在一套最完美無瑕的飲食法，每個人的遺傳基因、生活環境、工作型態不同，都會造成不同需求的飲食法。對於道家而言，與其完全照抄標準版的飲食法，不如掌握飲食法背後的精神就是通達，一個字形容就是道。先認識自己體質及生活型態，從中將飲食指南的提議，融入自己的生活與飲食中進行修正，過程唯有親身實踐，才有機會找到「最適合自己」〔註 29〕的飲食之道。

衛生福利部國民健康署目前就以 BMI 為衡量基準，超過這個範圍就叫肥胖，甚至還推出《肥胖 100 問＋》一書，全面認同亞太肥胖會議的名古屋宣言「肥胖不僅是慢性病的危險因子，應視為是一種疾病需積極治療」的觀念。不可否認，正視健康體位的重要，以及健康行為的落實，確實可以有效降低肥胖相關慢性疾病負擔及死亡率。然而，政府過多的強調，加上媒體及瘦身商品販售廠商的過度渲染，現在肥胖對於國人而言，顯然已是一種罪惡。扭曲的價值觀已在社會上造成極大的傷殺力，對於不符合這些標準的族群已開始遭受過多非議的批判。據筆者長年推動社區健康促進宣導發現，不見得符合 BMI 標準值裡就都是健康的，有人符合標準值，看起來四肢瘦小，但「腰圍過粗」〔註 30〕，內臟脂肪有過度堆積的現象，罹患心血管疾病機率比均勻的胖子還更高。有人不符合標準值，可是他是健康的，例如：健美先生

〔註 29〕具體操作有四個步驟，首先透過身體質量指數（BMI）找到自己的健康體重落在哪個範圍內；其二，一個人一天活動量查出活動強度對造所需的熱量需求；其三，以性別、身高/體重與活動程度就找出一日所需的熱量需求；最後，依熱量需求，查出六大類食物的建議份數。詳情可以參考黃青真、周怡姿、潘文涵、許文音、彭巧珍、陳巧明、呂紹俊、翁瑤棽、鄭裕耀、王果行：《每日飲食指南手冊》（臺北：衛生福利部國民健康署，2018 年）。

〔註 30〕腰圍變粗又稱「中央性肥胖」，是反映出腹部與內臟脂肪過度堆積的一種象徵，通常愈胖的人或蘋果型身材越容易出現，尤其是成年男性或停經後的女性。相同身高與體重的人，腰圍愈粗愈容易有高血糖、高血壓與高血脂等三高及代謝症候群問題，未來容易心臟病、腦中風與死亡。即使身體質量指數正常，但腰圍過粗也會較易罹患三高等等慢性疾病。測量腰圍，首先要找出身體兩側肋骨最下緣，繼續往下找出骨盆上緣，這兩個邊緣的中點繞身體一圈的水平線，在正常呼氣末期時，用皮尺量測就是腰圍。當男性腰圍大於或等於 90 公分，女性腰圍大於或等於 80 公分，就定義為腰圍過粗，也就是腹部肥胖。李宏昌、楊俊仁、張智仁、黃國晉、林文元、楊宜青、孫子傑、吳妮民、鍾秋慧：《肥胖 100 問＋》（臺北：衛生福利部國民健康署，2019 年），頁 45。

和舉重選手全身多是肌肉或結締組織，肌肉含量驚人，體重絕對過重，但沒有太多脂肪。也有些人骨密度大，BMI 值換算起來也過重。最新統計，老年人胖一點確實能降死亡率，BMI 指數與存活率的關係呈現 U 型曲線，死亡率最低的谷區從年輕到老年有向右偏移的現象，稱為肥胖矛盾現象。倘若老人非計畫性體重減輕，以及肌肉量不足，都會增加失能與死亡的風險。〔註 31〕

這些案例不只是發生在政府政策和普羅大眾上，還有些人生下來就是「小胖威利」〔註 32〕，國內八家醫學中心的小兒遺傳與內分泌的醫療研究團隊針對小胖威利的研究發現，在有關肥胖部分的統計上，76%在出生 12 個月後體重就快速增加，73%有暴食現象。他的形貌與疾病是天所賦予，在基因染色體缺陷下，他就是無法控制食慾，會有強烈覓食行為，永遠都吃不飽，狂吃下又容

〔註 31〕概念參照謝蔡豪、李俊秀、陳明正、何清幼、余文瑞：〈身體質量指數與老年人死亡率之相關性——以實證醫學方法探討肥胖矛盾現象〉，《臺灣老年醫學暨老年學雜誌》第 13 卷第 2 期（2018 年 05 月），頁 69～86。

〔註 32〕普瑞德-威利氏症候群（Prader-Willi Syndrome, PWS），俗稱「小胖威利」，是一種複雜的神經、行為及內分泌系統疾病。十九世紀的英國名作狄更斯（Charles Dickens）曾在其著作中描述一位嗜睡的胖男孩，其症狀包括嗜吃、嗜睡、肥胖等症狀，應為此症見諸文獻之首例。醫學界在 1887 年，由英國籍醫師 Langdon Down 首次描述一位青少年女性合併有智能遲緩、身材矮小、性腺機能不足及肥胖，並且將這些症狀歸因於肥胖（polysarcia）所導致。1956 年，三位瑞士籍醫師 Prader、Willi 和 Labhart 提出一系列有相同症狀的研究報告，並在 1981 年時發現病因為第十五號染色體長臂的 15q11-q13 發生基因片段缺失。這是一種先天、終身性的遺傳性罕見疾病，發生率約 1/15000~1/20000 不等，與地區、種族、男女無關。依缺陷機轉可分為四種類型：1. 約 70%的患者是因來自於父親的第十五號染色體具有小片段缺失（Micro-deletion）；2. 約 25%的患者其第十五對染色體皆來自於母親（單親源二倍體；Uniparental Disomy, UPD）；3. 約 5%的患者是因來自父親的第十五號染色體上的基因銘記作用控制中心（Imprinting Center, IC）發生突變；4. 其餘 1%的患者是染色體轉位或異常所致。常見的症狀為普遍輕度到中度的智能障礙，並伴隨情緒與學習障礙，皮膚因色素較少而顯得白皙，性腺發育不良（男性多隱睪、女性多無穩定月經），第二性徵不明顯，無法控制食慾，容易過度進食，有強烈覓食行為。外型大多前額窄、長型頭、杏仁眼、小嘴、上唇薄、嘴角下垂。在新生兒及嬰兒期肌肉張力低下，出生時呈現軟趴趴並且不會哭，嬰兒期餵食困難、生長緩慢、體重增加不易，於一週歲後至六歲間，進食能力漸正常，對食物的興趣亦逐漸提高，體重快速增加。詳請參照〈疾病簡介〉：《社團法人中華民國小胖威利病友關懷協會》網站，2023 年 7 月 14 日，網址：https://pwsa.eoffering.org.tw/contents/text?id=16（2023 年 7 月 14 日上網）；林翔宇、林炫沛：〈基因銘記異常疾病：以普瑞德——威利氏症候群（小胖威利）為例〉，《臺北市醫師公會會刊》第 57 卷第 9 期（2013 年 9 月），頁 22～27。

易造成過度進食，吃與不吃對他而言都是痛苦。另一種是後天內分泌失調或者「心因性」〔註 33〕造成的肥胖，例如「嗜食症」〔註 34〕，其暴食症狀與暴食症類似，差別在嗜食症暴食後無引吐、過度運動或使用瀉藥、利尿劑等清除行為。通常這類型的個案會透過輔導，找出陣發性的大吃大喝來處理情緒的過往事件，處理當中情緒與體重異動的關聯，再合併藥物及進行有效的減重方法通常可以改善。

針對特殊案例，莊子在〈養生主〉「右師缺一腿」〔註 35〕的寓言故事提到，公文軒問右師，他少一條腿是先天的還是人為的？右師回答是天意造成，我生下來就少一條腿。莊子藉此說道出不論是天然的還是人為所造成，都可以視為天生，因為一切都是造化使然。縱然是因為後天因素導致有所殘缺，不論是自殘或發生意外導致行走不便，事實皆已發生，接下來是如何停損，如何面對並快樂的往前走。換言之，當一切發生後不管是天生或是人為使然，它一旦造成影響之後，就不要再讓自己不斷陷在裡面鑽牛角尖，因為與事無益，剩下就是往前走。扣回肥胖議題，對於莊子而言，不論是天生下來的小胖威利或是過往事件造成心因性肥胖，都是造化使然。如果以前因為某些狀況造成了自己或他人心因上的損害，未來就盡量避免掉其損害。倘若已發生又無法改變，那就透過心念的轉換，讓自己安命的快樂面對。另一方面，這個人為因素，如果是自己導致，那就看要怎樣才能讓它復歸於天。扣回肥胖議題。若明明知道持續吃過多的三高垃圾食物，會導致心血管疾病的機率增加，本身已肥胖也不做為自身警惕，還刻意這麼做，那就不是心境上的轉換，是刻意妄為。然而，每個人的通達之路不同，有些人想要提早離世，選擇每天快樂的吃，那都是一種活法，以莊子而言，這就是他選擇的人生。莊子並不是放任主義或享樂主義，而是尊重每一個人的生命選擇。筆者認為一切取決於心境，每個人都依造自己的信念

〔註 33〕美國厭食症及暴食症組織的報告顯示：「罹患心因性厭食症的婦女，每年就有上百萬人，其中十五萬人並因此而死亡，為死亡率最高的一種精神疾病。」Kirk G ,Singh K ,Getz H. : Risk of eating disorders among female college athletes and non-athletes : Journal of College Counseling , 4, 2013, P122.

〔註 34〕「嗜食症」多合併肥胖，身體合併症亦多與肥胖相關，如心血管疾病、代謝症候群、膽囊炎、睡眠呼吸中止症等。此外精神方面常合併躁鬱症、憂鬱症、焦慮症以及物質濫用等。潘欣平、曾美智：《飲食與精神健康》（臺北：衛生福利部國民健康署，2014 年），頁 34～35。

〔註 35〕原文故事為公文軒見右師而驚曰：「是何人也？惡乎介也？天與，其人與？」曰：「天也，非人也。天之生是使獨也，人之貌有與也。以是知其天也，非人也。」〔清〕郭慶藩注：《莊子集釋》（新北市：商周出版，2018 年），頁 97。

過生活，都在創造自己的實像。

綜合以上得知，健康一直是多數人追求的標準，倘若有個人在身體上的BMI 指數判斷是肥胖的，然而在其他健康的指數很正常，那他可否是個健康的胖子，答案也是可以成立的。因此，世界衛生組織及世界肥胖聯盟想要用一套標準，去定義全人類有沒有符合健康，筆者認為這有其侷限。因為他們忽略人是「活」的這件事，而道家很早就關注到這個面向，因為人是活的，人會隨著氣候、地區、種族性、跟誰一起吃、食材購買的方便性及當季價格，甚至依照當天出門帶多少錢，以及當天心情暢達與否等，再決定自身要不要貫策政府推行的政策。筆者認為不用到全世界人口或臺灣全國百姓，單是聚焦女性身上，同一個人在她經期來時攝取的營養和非經期來時就不同，通常會多補充鐵質的蔬果或黑糖薑水，讓經血得以順通。工作型態有所不同也會影響，筆者以前在醫院臨床輪班過的生活作息就跟普遍上班族有所差異。國人每天的活動也會影響營養成分的選擇，例如：參加捐血、馬拉松活動或減重比賽等。因此，從政府政策、到普羅大眾、再到特殊案例的探討，吾人可以得知肥胖與疾病雖有其關連，但不是絕對，還是有許多的例外呈顯其中。

四、由至人觀反思重體態之價值意識

筆者不否認擁有新的健康認知，確實會更強化吾人對身體健康的認識，然而筆者想提出的問題是，雖然發現肥胖會影響健康，但當超過 BMI 的標準值時，就一定不健康嗎？BMI 是一個平均的基數，但並不是唯一，假設有個胖子超過 BMI 的標準值，但他身體可以抗衡，體質都很好，也沒任何疾病，難不成就不能胖的很愉快，沒有心理障礙嗎？如果可以，那他不就是莊子說的至人。進一步說，取其平均值的肥胖標準是適合大多數的人，而不是每一個人。如同瘦身方法百百種，例如：「生酮飲食」〔註 36〕、低碳飲食、高纖飲食等。筆者在臨床實際面對個案有的追隨當今火紅的生酮飲食，卻越吃越胖瘦不下

〔註 36〕「生酮飲食」(ketogenic diet) 生酮飲食不是新被研發出來的癲癇治療方法，但是由於近代研究中發現：持續接受精確的生酮飲食治療，確實能在服用多種抗癲癇劑或手術治療後，得不到療效的病患身上，看到好的治療反應。生酮飲食是由高脂肪、低蛋白、低醣組成，可以使人體產生有如在飢餓狀態下的生化變化，造成酮血症 (ketosis)，有助於改善癲癇發作。而有一票人運用生酮飲食能強迫身體燃燒脂肪的機轉，達到體重管理的瘦身效果，此飲食療法曾在臺灣造成一陣瘦身旋風。詳請參照李以文：〈生酮飲食：以醫療團隊介入癲癇治療〉，《長庚護理》第 12 卷第 1 期 (2001 年 3 月)，頁 52～58。

來，仔細發覺原因發現，個案的肝臟代謝功能沒有那麼好，因此都吃高蛋白的生酮飲食反而越吃越胖。經調整改為正常飲食並回到過往喝紅茶就瘦的習慣，很快就恢復原本的體態。道家告訴吾人每個人都是獨一無二的，因此，取其平均值的肥胖標準是適合大多數的人，而不是每一個人。而莊子談的是每一個人都能找到生命出路的可能，所以如果有一些人他能夠在身體和心理上都能夠維持體道通達的境界，那他為何不能是一個肥胖的至人呢？答案是可以的。

針對至人也可以是個胖子，反駁唯一的條件是必須要證明，只要是肥胖，他的心理一定不健康，或者身體一定有問題，可是這兩樣前提皆不能證明，反而可以找到很多反例。不需要證明每一個胖子都是健康的，但確實某些胖子，他是健康，是快樂的。而這些快樂，可以透過快樂的實踐，讓他確實達成，做到最極致的工夫不就是至人，所以至人為何不能成為胖子？當然可以。反著說，也不是每一個瘦子都是健康的，都是快樂的，至少筆者在臨床實際接觸到厭食症、暴食症的案例就不是快樂的，甚至在照顧近百位慢性精神患者比例上，瘦子還比胖子多。說真的每天憂鬱的吃不下，焦慮的擔憂未來，根本都沒什麼心情專注在吃這件事上，吃得少又怎麼會胖呢？所以，醫學領域再怎樣的研究都有其限制，因為所有的自然科學都是經驗科學，只要是經驗科學取的都是「或然」〔註 37〕的真，不是「必然」〔註 38〕的真。

莊子作為一個道德實踐者，重視的是每一個個別差異性，也就是如何讓每一個人都可以做到。多數人或醫學界對於體位健康衡量上，認為肥胖標準是一個很重要的警覺，在莊子世界裡也可以把它作為一種警覺。莊子不否認這個警覺，他追問的是，如果今天別人吃一碗飯就飽，我因為是工人身分，必須吃兩碗三碗才能飽，才有體力做活，在吃完後也不構成身體任何代謝障礙。而且就算有點胖看起來有點壯，我也覺得自己胖的很自在，也沒有胖到成為別人和自己的負擔，這時候為何不能比別人天生麗質，本錢足夠的多吃幾碗。因此，坊間有太多世俗的標準可以去定義健康，造成超出此範圍的就被歸類為胖子，成為被貼標籤的輕中重度胖子這一群人，反而被這些標準化的數據歸類為不健

〔註 37〕「或然性推理」亦稱「概然性推理」，指的是偶然是指事物的聯繫和發展過程中不居支配地位的和不一定如此的趨向。可能出現也可能不出現。詳細參考邢賁思主編：《哲學小百科》（北京：中國青年出版社，1986 年），頁 156。

〔註 38〕「必然性推理」必然是指事物的關聯和發展過程中居支配地位和一定如此的趨向；它是事物發展的客觀規律的體現，因而決定著事物發展的前途和方向。詳細參考邢賁思主編：《哲學小百科》（北京：中國青年出版社，1986 年），頁 156。

康。而這些標準裡在各國至今也還沒有一個絕對統一的基礎，它只是呈現不同的面向，這不就又扣回莊子說的「儒墨是非」（〈齊物論〉）〔註39〕。

重視個體的差異性，並使其不會對吾人生命造成影響，將所有一切回歸給天的造化，不就是做到〈齊物論〉「是以聖人和之以是非而休乎天鈞，是之謂兩行。」〔註40〕這就契合前面講的至人無己的喪我工夫。莊子說不只是你自己，還要你跟我之間沒有那個衝突感存在。你說我太胖，沒問題，你覺得我胖就胖，胖多出的肉也沒胖到你身上，我也不需要跟你爭辯，但我也不會因為你說我胖，我就難過。如同有些人天生臉就小，看起來就瘦，有些人臉圓，看起來就豐盈，都是因為每個人的形不同。〈大宗師〉提到：「其一也一，其不一也一」〔註41〕，其一就是判斷的標準有各式各樣，但每個國家不一樣叫做不一也一，每個國家都有一個評量。各國訂定的飲食標準不斷再修正，每天飲食指南盤子上的蔬菜、蛋白質比例一直在調整，每個人若不夠認識自己，了解自己真正的所需，就容易一直被外在標準牽著走，陷入儒墨掙扎之中。筆者在臨床照顧過厭食症患者，她們多數對於體重機上的 0.1 公斤非常在乎，每天照三餐來護理站表示要量體重，當要站上去體重機前就會深吸一口氣，彷彿等著被審判一般，覺得自己好痛苦。若符合標準就欣喜若狂，若不符合哪怕只是超過 0.1 公斤，心情就直接跌若谷底，接下來就是去廁所將門反鎖催吐，那就是與物「相刃相靡」（〈齊物論〉）〔註42〕。

以前雖沒有體重機這件事，但莊子很早就看到了這個現實，他回過頭就去追問生命對我們而言，最重要的核心應該是通達。就算胖了一點，但很通達，難道不能自在嗎？那種自在感，在某個意義上不是偶然，要保持哀樂不能入，那是一種工夫。所以當推論至人可以成為一個胖子時，指的是以工夫作為基礎，而不是胖子天生樂觀，如果是天生樂觀，容易被歸類成享樂主義之類的。換言之，如果我能在胖的情況下，維持身體機能的健康，又不構成別人的壓力，也不跟人爭論胖與不胖到底是不是件好事，那不就達到〈齊物論〉「和之以天倪」〔註43〕跟〈養生主〉講的「以無厚而入有間」〔註44〕。

〔註39〕〔清〕郭慶藩注：《莊子集釋》（新北市：商周出版，2018 年），頁 57。
〔註40〕〔清〕郭慶藩注：《莊子集釋》（新北市：商周出版，2018 年），頁 62。
〔註41〕〔清〕郭慶藩注：《莊子集釋》（新北市：商周出版，2018 年），頁 170。
〔註42〕〔清〕郭慶藩注：《莊子集釋》（新北市：商周出版，2018 年），頁 53。
〔註43〕〔清〕郭慶藩注：《莊子集釋》（新北市：商周出版，2018 年），頁 87。
〔註44〕〔清〕郭慶藩注：《莊子集釋》（新北市：商周出版，2018 年），頁 94。

我不管是胖與瘦，我都能接受自身與他人的差異性，都能明白國民健康局擬定的標準值只是個參考，我還是尊重自己的體質、身體機能、工作量所需等因素做適度調整，那不就做到〈大宗師〉說的「安時而處順，哀樂不能入」〔註45〕。套用在肥胖議題就變成安時而處順，肥胖不能入，讓這些標準化的價值觀僅作為一種選擇性的參考，但不依此而受侷限。當我都和他人皆能相處非常和諧愉快，人家忘了我的形貌，連我是不是一個胖子都忘掉了，那不就是〈人間世〉的「支離其德」〔註46〕。

原來無己指的是我自己不要有成見，可是當到忘情到一定程度，走到忘我和心齋的工夫時，會發現不只是我忘，連別人都忘，人我兩忘彼此之間再也沒有隔閡，只有通達，也就是「德有所長，而形有所忘」(〈德充符〉)〔註47〕。所以一個胖子也是可以變成一個完全不被他的胖侷限，而不影響他人存在感的人。〈德充符〉提到：「闉跂支離無脤說衛靈公，靈公說之，而視全人，其脰肩肩。甕㼜大癭說齊桓公，桓公說之，而視全人，其脰肩肩。」〔註48〕面對拐腳駝背缺嘴的人或頸部長了很大瘤的殘缺之人，乍看之下會令人覺得恐怖想遠離，如同有些人會厭惡胖子這個形一樣。但有些胖子他就是能夠讓人不但忘情，還能忘其德，那時候只會想念他，而不是排擠他。所以至人是不是胖子，只要讓胖這件事不是能夠侷限身體，落實在工夫就行。倘若做到讓人連胖子的形都忘掉時，就做到了〈大宗師〉講的「相忘於江湖」〔註49〕物與我不相傷的境界。當自己真的貫通生理健康的理路脈絡，才能真的做到在生理健康議題上的成就解鎖，進而來到〈應帝王〉。也就是面對來的萬物，能夠運用自身專業及掌握道家靈活性，依照其形給予萬物最適當的支持。

上述藉由邏輯推論發現在絕大多數的例子裡，肥胖和疾病的相關聯是高的，可是也沒有任何一個反例全面證明胖子一定就是生病的，也是有許多健康

〔註45〕〔清〕郭慶藩注：《莊子集釋》（新北市：商周出版，2018年），頁186。

〔註46〕〈人間世〉：「支離疏者，頤隱於臍，肩高於頂，會撮指天，五管在上，兩髀為脅。挫鍼治繲，足以餬口；鼓筴播精，足以食十人。上徵武士，則支離攘臂而遊於其間；上有大役，則支離以有常疾不受功；上與病者粟，則受三鐘與十束薪。夫支離其形者，猶足以養其身，終其天年，又況支離其德者乎！」支離其形者，猶足以養其身，終其天年，又況支離其德者乎的支離其德。」〔清〕郭慶藩注：《莊子集釋》（新北市：商周出版，2018年），頁134。

〔註47〕〔清〕郭慶藩注：《莊子集釋》（新北市：商周出版，2018年），頁158。

〔註48〕〔清〕郭慶藩注：《莊子集釋》（新北市：商周出版，2018年），頁158。

〔註49〕〔清〕郭慶藩注：《莊子集釋》（新北市：商周出版，2018年），頁174。

快樂的胖子存活在這世上。所以破解自然科學最容易的方式就是找其他的實證，去談其或然性和非必然性。除非提出肥胖必然導致百分百的疾病，否則依照上述各國的健康標準、民族性、基因、體質、性別及老化等例子，都可以說明此理論無法成立。或許這個世界上很難找到至人，但他可以是一個心境工夫上的努力目標，透過《莊子》內七篇論證至人也可以是個胖子，當然不是鼓勵人人變成胖子，而是在現今儒墨是非的價值觀上，提供另一種疏通的可能。因此，本節在生理健康議題上，一共得出三個結論，第一，至人乃達至於道之人，如何做到至人無己？可透過吾喪我的工夫解消成心，實踐進路藉由第貳章的「莊子淑世精神的理論基礎」中《莊子》內七篇的人生攻略，環環相扣達到生理健康議題的成就解鎖。第二，胖瘦是浮動價值觀，透過「物化」到「化成」道出人的形貌本就是界限，如何使其界限不成為自己和他人的阻礙，更進一步物與物間相互化成才是真工夫。第三，本文運用邏輯推論雖然肥胖和疾病關聯性是高的，然經驗科學的「或然性」不等於「必然性」，故無法證明肥胖必然導致疾病。倘若胖的自在，不造成自己與他人負擔，共處時更能達人我忘的通達，那麼至人也可以是個胖子。

當回應完此議題時，第一個獲得生命通達且受益最多的就是筆者本身。筆者體型上屬於東北肩膀寬闊型，也就是人家說的練武奇才的體格，本身骨質密度又高，往往外表體態看似均勻，體重卻介於超標邊緣。加上本身家族有肝的疾病史，肝膽功能欠佳，對於油脂的代謝上就容易囤積，踏入社會後的工作性質又必須熬夜更影響肝功能，長期下來體脂率比標準值還高。或許別人不知道也不易察覺，但自己有沒有符合世界衛生組織擬定的標準，自己是知道的。諷刺的是筆者又身為一名健康護理老師，過去常因自己沒做到最標準的那個平均指數，每每講到國民健康署的健康指數時，往往先心虛自我批判一遍。又因為自己知的侷限，在校園教授期間，尚未貫通生理健康的認知，也不知如何彈性靈活的引導學生，如何在自身差異上與世俗標準間取的平衡，所以又間接影響學生心虛的自我批判，實在害人不淺。對於重視身心合一的筆者而言，實在很羨慕 BMI 及體脂肪符合大眾標準之人。然而，當筆者曾經瘦到 49 公斤，符合大眾審美標準時，看起來就是黑乾扁的營養不良。透過老莊之學，筆者第一個先療癒自己，胖瘦美醜都是浮動的價值觀，重點是我到底欣不欣賞我自己？在這個浮動的價值觀底下，我到底過的快不快樂？暢不暢達？倘若沒有，那我就必須找到符合我自身的標準，也就是自己的道。當我真正從自我批判，逐漸轉而接受骨架大、體態均匀、在基因、工作性質、飲食習慣等影響下，體脂肪微超標的自己後，我體內的內分泌系統開始運作正常，自動調和我的體態及精神狀態，整個人看起來就是活力有朝氣，我發現回到自然時，我才是真正的愛我自己。

當自我轉變再度回到輔導場域的人間世歷練，筆者發現在面對不同形貌的個案來到面前時，自己變得更柔軟有彈性的涵納其形，尊重每個人的差異化，並欣賞每個人的獨一無二。因為筆者已明白不只每一個人有所不同，就連同一個人在不同時段也會有所差異，例如：女生自己在經期前和後、孕期前後、更年期時的生理機能都有所不同；男性在不同年齡層及工作量所需的營養攝取量也不同。當能尊重並允許個案在生理機能流暢運行情況下做他自己時，個案往往回饋從中得到接納及釋放，找回生命的流暢及快樂。因此，在生命實踐過程，不要認為有限知不好就急於拋掉，而是讓本來看似阻力的有限知，打開了侷限進而成為助力，更往上翻轉。筆者在生理健康實踐的過程，展現主體行動力，從自我批判到自我接納再到自我欣賞，透過老莊的參悟，能夠在保有國民健康署的健康專業知識下，又能彈性靈活的量身為個案打造適合的生理健康之道，透過醫護的專業支持個案理解每個人所需的飯量、睡眠時間、運動量等都是不同的，讓個案能夠接受自己的差異化，跳脫社會浮動的美醜價值觀，並從中疏導個案在美醜胖瘦的生命議題上回到通達。

五、從生死觀論證至人與疾病之反思

陳政揚老師認為：「人雖不能免除生老病死，卻可通過心境的轉化而達致死生不擾於心的真知境界。」〔註50〕在談論面對老化及死生議題時，自己又該擁有什麼樣的態度呢？以下分成「遊乎天地之一氣」和「安時處順攖而後成」兩部分論述。

（一）遊乎天地之一氣

造化將吾人帶來人間，開始歷經「生、老、病、死」的生命週期裡，每一個生命階段都設有學習的關卡，每個關卡皆可視為危機與轉機的關鍵。若順利破關就能讓生命流暢運行，反之，在某個關卡上卡關，危機將持續存在，直到

〔註50〕生老病死與真知的關聯，詳述可見陳政揚：〈以「知」與「真知」的分析為核心：論莊子由「忘」達「道」的境界工夫〉，《人文與社會研究學報》第47卷第1期（2013年04月），頁40。

危機化解。以生命進程而言，出生到一歲半是「嬰兒期」，此時相當依賴成人，發展的目標為建立對他人的信任基礎，若發展順利容易對人有信賴及安全感，反之在與人相處上易產生焦慮與不安。一歲半至三歲是「幼兒期」，生理上逐漸有自主行動能力，此階段目標為對自己和環境進行探索或取得某些控制（例如：大小便控制），培養的是自主能力，若發展順利會對自己有信心，反之則易有固執、羞恥感、自我懷疑的傾向。三到六歲的「學齡前期」開始學會自我照顧，自動自發，並發展社交能力，此階段目標為有目的的行為，發展順利易獨立進取，反之則易有罪惡感、畏懼退縮。六到十二歲的「學齡期」是小學階段，具備求學、做事、待人的基本能力，此時與外界接觸，成就表現就開始變得重要，此階段主要培養能力、勤奮進取的態度，反之就會認為自己無能力，自卑貶抑，充滿失敗感。十二歲到二十歲「青春期」的青少年階段，渴望獨立尋求認同及自我統合，發展順利則自我概念明確、方向肯定，反之則容易角色混淆，缺乏目標，感到徬徨。二十歲到四十歲「青年期」階段，重心發展事業，奠定基礎，同時建立愛情或友誼的親密關係，卡關則易對關係造成疏離，無法與人親密相處，易感孤單寂寞。四十歲到六十五歲「壯年期」，對家庭角色責任最重，社會參與最多，順利則貢獻個人生產力，並對後代關懷，完成生命目的，精力充沛，反之則容易頹廢滯留，不顧未來。六十五歲到死亡，「老年期」回顧個人生命並接受其意義，此階段任務進行自我統整，獲得智慧，順利發展即可完美無憾，隨心所欲，安養天年，反之則是悔恨舊事、失望厭世。〔註 51〕

陳政揚老師認為：「人一朝具備形體，就必須面對肉體由於衰老或疾病而無法再全然發揮機能的限制義。又由於疾病雖是不可避免，卻難以預期，所以又更加呈現人身處其中卻無力改變的限制義。」〔註 52〕若出生走向死亡是不可逆的生命週期，當中生命的長短雖無法掌握，但吾人可以決定生命的品質。人不可能不生病，剩下的就是當人生病時，盡可能不因為病或避免生病，而能健康地活下去，這是道家式的思考。換言之，就是在生老病死的流程，看能否讓病的時間變短，跨過最後在病床上煎熬的病痛期，從生、老、直接到死亡，也

〔註 51〕林柏每、楊育英、王榕芝、林珍玫、張芬蘭、楊秀梅、蔡宜家、賴孟娟、蘇敏慧：《健康與護理》（臺北：幼獅文化事業公司，2008 年），頁 114～115；黃松元、陳正友：《健康與護理》（臺北：幼獅文化事業公司，2006 年），頁 134～137。

〔註 52〕陳政揚：〈論生命的有待與超拔——以莊子的「形」概念為中心〉，《揭諦（南華大學哲學學報）》第 12 期（2009 年 02 月），頁 104。

就是「五福」〔註53〕中的善終。莊子說：「死生，命也，其有夜旦之常，天也。人之有所不得與，皆物之情也。」（〈大宗師〉）〔註54〕生死是人之大事，造化之必然，就像白天和夜晚交替般，是一種自然的運行，人無法干預這樣的自然變化，所以死生命也。談論面對死生議題的態度時，自己的部分有兩個東西會被帶出來，第一個部分是「魚相忘江湖，兩忘化其道」（〈大宗師〉）〔註55〕，莊子在〈大宗師〉中對「命」的想像，與〈人間世〉談的「知其無可奈何，而安之若命」〔註56〕，有不同的層級。〈人間世〉談的是人在社會之中，在人群網絡之中，無可解無可逃。而到了〈大宗師〉已經過了人世的歷練，大宗師的命是「兩忘而化其道」（〈大宗師〉）〔註57〕指的不是我跳脫現象界羽化飛仙，進入另一個形而上的層次，而是當下個體形軀的超越，不管有沒有這個物質形體的侷限，我當下就能無待與造化同遊。換言之，莊子對命的想像，從〈人間世〉尋常的糾結，跳出來看到天地之間對於造化的體悟，體悟當中的不甘不忍放不下捨不開，我要如何把它安頓下來，這是一個不斷反覆的過程。

在「子桑戶、孟子反、子琴張三人相與友，子桑死孔子派子貢弔唁」的寓言談「嗟來桑戶乎！而已反其真，而我猶為人猗」（〈大宗師〉）〔註58〕就帶出道家與儒家生死觀的差異，儒家傳承周禮，故死亡中的喪禮是很隆重的一件事，兒女三年之喪的哀悼之情，將生死限定在軀體的存在上。道家不以身體形軀為侷限，因此不受禮制約束，故文中認為子桑戶雖死，但已回歸到不生不死的自然造化，反之孟子反、子琴張則還拘束在身為人的形軀之中。這則寓言中的孔子說：「彼方且與造物者為人，而遊乎天地之一氣。彼以生為附贅縣疣，以死為決疣潰癰。夫若然者，又惡知死生先後之所在！假於異物，託於同體，忘其肝膽，遺其耳目，反覆終始，不知端倪。」（〈大宗師〉）〔註59〕帶出道家對於造化的生死觀，生命有盡頭雖然有生也有死，若對形軀早已離形，生生死死死生生根本沒有差別，就大自然萬物生成般，死了又轉成另一種生。生死如同天地間的一氣轉化，甚至道家認為形軀如同多餘的肉瘤，死就只是瘤的破

〔註53〕所謂五福臨門，指的是「好德」、「富貴」、「康寧」、「長壽」、「善終」。
〔註54〕〔清〕郭慶藩注：《莊子集釋》（新北市：商周出版，2018年），頁173。
〔註55〕〔清〕郭慶藩注：《莊子集釋》（新北市：商周出版，2018年），頁174。
〔註56〕〔清〕郭慶藩注：《莊子集釋》（新北市：商周出版，2018年），頁118。
〔註57〕〔清〕郭慶藩注：《莊子集釋》（新北市：商周出版，2018年），頁174。
〔註58〕〔清〕郭慶藩注：《莊子集釋》（新北市：商周出版，2018年），頁190。
〔註59〕〔清〕郭慶藩注：《莊子集釋》（新北市：商周出版，2018年），頁191。

裂，讓血爆出般，故說「相忘以生，無所終窮」（〈大宗師〉）〔註60〕將生命當作天地間萬物轉化生命般，自己就像開網路漫遊般，瀟灑游心於造化之中。「假於異物，託於同體，忘其肝膽，遺其耳目」生前在有形軀殼的侷限時，可以透過心齋、坐忘的涵養工夫幫助吾人做到託於同體。當「離形去知，同於大通」（〈大宗師〉）〔註61〕後，道體自然呈現，吾人就與道同在，時刻都能與萬物同化，萬物雖為不同形體，但皆由造化而來，每個物體形體轉化中都是我自己，故「天地與我並生，而萬物與我為一。」（〈齊物論〉）〔註62〕

第二部分就「大塊載我以形，勞我以生，佚我以老，息我以死。故善吾生者，乃所以善吾死也。」（〈大宗師〉）〔註63〕說明所有東西都是造化中的一環，我最重要的不是面對造化去埋怨，反而要清楚在造化裡面，每一個人都是無所解無所逃的。那麼我要如何去看待造化？造化賦於我身體形軀，為了維持這個生就必須依此勞累，逐漸年老時得以閒適，老時的以安息。這當中沒有熬我以「病」，所以「善吾生者，乃所以善吾死也。」（〈大宗師〉）〔註64〕對於生命應該善盡吾生，現代說法就是「愛自己」。對於自然造成的勞累懷平常心應對，畢竟人活著還是需要一些銀兩，方能在人世間行走，獲得生活上的基本安頓。但在勞其形的過程，也不忘善待其形，隨著年齡的增長，每天起床的身體機能狀態不同，多帶點覺察與自己身體對話，如同掃描器全身由上到下偵測一遍。同時評估今日身心狀態做工作量的調整，若遇到必須與外界接觸的行程無法隨意彈性安排，那就是在工作的空檔隨時找機會充電，回到家後要給自己一小段緩衝時間「善刀藏之」（〈養生主〉）〔註65〕。有時心知認為還沒完成，一直驅使身體要去行動的事，根本就不需要現在完成，當全然交託造化時，彷彿一切就是安排的恰恰好，自有「物形之、勢成之」（〈第五十一章〉）〔註66〕的時機促成。平日除了善待滋養它之外，還要與之和平共處，也勿追逐過多的欲求而導致過勞。當覺察卡住就隨時調整，可讓自己保持中上的身心機能狀態，防範未病能避開大部分的疾病或身體機能不協調下的干擾。除了形軀的善待，又

〔註60〕〔清〕郭慶藩注：《莊子集釋》（新北市：商周出版，2018年），頁189。
〔註61〕〔清〕郭慶藩注：《莊子集釋》（新北市：商周出版，2018年），頁202。
〔註62〕〔清〕郭慶藩注：《莊子集釋》（新北市：商周出版，2018年），頁68。
〔註63〕〔清〕郭慶藩注：《莊子集釋》（新北市：商周出版，2018年），頁188。
〔註64〕〔清〕郭慶藩注：《莊子集釋》（新北市：商周出版，2018年），頁188。
〔註65〕〔清〕郭慶藩注：《莊子集釋》（新北市：商周出版，2018年），頁94。
〔註66〕〔魏〕王弼注、樓宇烈校釋：《王弼集校釋》（臺北：華正書局，1992年），頁136。

能做到「知天之所為，知人之所為者，至矣」(〈大宗師〉)〔註67〕取得成心與道心的平衡，二者達到共處和諧，那麼在主體養成的議題上，基本上就能做到「終其天年而不中道夭者」(〈大宗師〉)。〔註68〕當了解造化對我的善待，將自己寄託於天地間，所有一切都是有無形態的轉換，那麼認為不捨的彷彿也都能捨了，莊子說：「藏天下於天下，而不得所遯，是恆物之大情也。」(〈大宗師〉)〔註69〕所有東西本就天地的，還諸於天地，自身看起來像孑然一身，瀟灑快意。上述整個從「死生」談到「忘而化其道」談到「息我以老」把整個生命的造化做了再一次的翻轉。

（二）安時處順攖而後成

〈大宗師〉中最後一則寓言裡的子桑說：「天無私覆，地無私載，天地豈私貧我哉？求其為之者而不得也。然而至此極者，命也夫！」〔註70〕這裡的「命」講得哭天喊地，怨天尤人，好像跟之前莊子談論的安命有所不同。但為何要談？說明很重要的一點是，任何修行人沒死之前的掙扎都是必然。〈大宗師〉中所有德行工夫都是有掙扎在的，重點在掙扎過程，如何跳出，不要沉淪？掙扎必須要給家人、給天地一個答案。為什麼要給答案？因為這樣才能安。筆者認為實在不易，身體形軀有太多的系統在運轉，光面對老化的生理變化，就有許多須留意，骨骼上的關節退化、軟骨磨損、骨刺等，肌肉上的萎縮導致行動無力，就要補充鈣質、和緩運動維持肌耐力，行走小心避免跌倒。呼吸系統上整體換氣功能下降，肺活量減小，就要開始確保足夠氧氣維持細胞生成，避開吸菸及過敏原的環境。循環系統上心臟輸出量降低、血管硬化或堵塞，應對上就要留意飲食控制，及培養處理壓力的能力，可避免循環系統負荷過大。神經系統反應鈍化，應對上需注重保暖避免燒燙傷。泌尿系統，老化會導致膀胱容積減少，易造成頻尿、腎功能退化、男性攝護腺肥大、女性尿道易感染等，對應上可以定時如廁，睡前一小時避免喝水，減少夜尿情形。生殖系統老化，例如：卵巢萎縮、精蟲量下降、荷爾蒙減少或停止，男性在 40 歲過後力不從心者增加，女性停經後更年期不適症狀，若要行房，女性也要留意陰道乾澀造成的不適感，必要時可使用輔助工具等。消化系統腸道酵素變少、大腸黏膜萎

〔註67〕〔清〕郭慶藩注：《莊子集釋》(新北市：商周出版，2018 年)，頁 163。
〔註68〕〔清〕郭慶藩注：《莊子集釋》(新北市：商周出版，2018 年)，頁 163。
〔註69〕〔清〕郭慶藩注：《莊子集釋》(新北市：商周出版，2018 年)，頁 175。
〔註70〕〔清〕郭慶藩注：《莊子集釋》(新北市：商周出版，2018 年)，頁 204。

縮吸收變差，易消化不良或便秘，需多吃蔬果，飯後散步以促進消化。內分泌系統代謝減緩、留意血糖和腎上腺素，需注重飲食均衡營養及適當壓力排解。免疫系統下降，留意感染或發炎症狀。皮膚系統皮脂減少易發癢乾燥，留意洗澡水勿過熱，可適度塗抹乳液保養。特殊感覺器官（眼、耳、鼻、舌）逐漸失去靈敏度，留意適應上的不便。心理層面老化伴隨的中老年憂鬱症，避免方式就是「老身、老伴、老友、老居及老本」五老五寶。〔註 71〕這些皆須留意，每一個系統的維護都是一種小關卡。

由於醫學進步，老化人口快速增加，政府政策開始不單只是注重老年人的日常生活能力（每日執行的活動，例如：進食、洗澡、穿衣、如廁、轉位、大小便控制等），近年更是聚焦在老年人獨居生活能力，包含身體活動力、準備食材、洗衣服、整理家務、持家能力、大眾交通工具使用、使用電話、購物、服藥、處理金錢等，注重老年能持續擁有尊嚴獨立的生活。上述為狹義的老化指的是邁入老年之後，身體機能衰退的現象，廣義的老化界定近年更是多元化。現在老化已不是老年人的專利，還有分實際年齡、外表年齡、生理年齡和心理年齡。〔註 72〕有些實際年齡已過老年，但從外表和行動上看不出來，筆者之前去日本時看到七十幾歲的奶奶，健步如飛，身手依舊矯健，也有遇過九十八歲奶奶記憶力驚人，看報紙不用戴眼鏡，視力維持之好。過去在社會局長青日照中心樓下樂齡學院，看到的爺爺奶奶都充滿活力，再往上走到日照中心就開始有輕中重度失智或失能的爺爺奶奶。我觀察裡面失智比例最多的，就是退休老師和軍人，所以不論退休或退伍後，腦子還是要持續動，不可立即全停下來，這樣易失去生活重心，腦力和肌力會容易退化。外表年齡就是不修邊幅的容貌，看起來就會比實際年齡還要蒼老些，故可以從基本儀容修飾起。生理年齡指的是長期不良生活型態造成機能與體力的衰退，可藉由重新調整飲食、作息和運動而改善。心理年齡就是凡事提不起勁，對生活失去熱忱，精神萎靡失去活力，可藉由心境轉換而改善。雖然步入中老年後，身心會明顯出現變化，然而老不等於殘，維持規律的作息、飲食和運動，還是可以保有良好的健康狀

〔註 71〕林柏每、楊育英、王榕芝、林珍玫、張芬蘭、楊秀梅、蔡宜家、賴孟娟、蘇敏慧：《健康與護理》（臺北：幼獅文化事業公司，2008 年），頁 118～119；黃松元、陳正友：《健康與護理》（臺北：幼獅文化事業公司，2006 年），頁 137～139。

〔註 72〕劉青雯、萬彝芬、呂蘭花：《健康與護理》（臺中：育達文化公司，2011 年），頁 62～63。

況和活力，成熟的人格及豐富的人生閱歷將可以為下一代帶來啟發。

然而，當自我機能失調，人在生病且久病的狀態底下，就會開始有許多奇怪的想法產生，因為身體會影響精神，精神會影響身體，身心是連動的。當精神處於和諧的狀態時，身體也會相應的伴隨一種和諧的呈現。古代外物刺激比較沒那麼大，古人有很多時間可以面對自己，莊子在面對人的身體時，就非常重視人的生命感覺跟體驗，他是用他人生的經歷去實際體驗過，才把它講出來。許多心境都是經過生命的歷鍊才能夠說是或不是的，所以才說「攖寧」(〈大宗師〉)。〔註 73〕「攖」字就是擾動，「寧」字就是和諧，既然要和諧為何還要擾動？講的也是掙扎，沒有經過「死生存亡，窮達貧富，賢與不肖，毀譽、饑渴、寒暑，是事之變，命之行也。」(〈德充符〉)〔註 74〕的掙扎永遠不知道自己工夫落在何處。生命中若沒有這些對於死生的掙扎，對於這些得與不得、放不開、捨不得的掙扎，也不會造成對應。那些修道東西都是虛妄不實的，故莊子說：「朝徹，而後能見獨」(〈大宗師〉)。〔註 75〕這裡朝徹見獨、無古今、到面對一切萬物的成毀，皆能保持心中的寧靜祥和，都來自於掙扎之後獲得的部分，所以這些是固定的程序。重點是心在擾動之後，能不能攖而後成，成才是重點。如同上文說的面對生命週期的層層關卡，過關才能攖而後成，卡關就是陷入危機，持續攖而不寧。故〈齊物論〉講「道通為一」的通，重點在通。透過生命階段得到通，如果能夠直接通當然也可以，如果其他東西有助於通當然很好，例如：透過別人經驗也行。反之，無助於通，那不如親身感受更強，所以叫做攖寧而後成。既然吾人都離不開生活，那就從生活中去歷煉生命的品質。當開始有意願歷煉時，生命就開始轉換了。修行就是透過工夫每分每秒都在提升生命的品質，提升到一定的程度就能解決生死的問題。

生命中充滿各種可預期及不可預期的失落，小至玩具壞掉、感情的分手、裁員失業、意外殘疾、甚至最終的生離死別等，帶來最直接的情緒感受就是哀傷。多數人面對死亡，會有複雜矛盾的情緒反應，一般分為四期：「震驚否認期」、「憤怒期」、「討價還價期」及「憂鬱期」，有時重複停滯某個階段，有時幾個症狀同時發生，並無規律性。〔註 76〕這當中在生理症狀層面：容易有呼吸

〔註 73〕〔清〕郭慶藩注：《莊子集釋》(新北市：商周出版，2018 年)，頁 181。
〔註 74〕〔清〕郭慶藩注：《莊子集釋》(新北市：商周出版，2018 年)，頁 151。
〔註 75〕〔清〕郭慶藩注：《莊子集釋》(新北市：商周出版，2018 年)，頁 181。
〔註 76〕劉青雯、萬彝芬、呂蘭花：《健康與護理》(臺中：育達文化公司，2011 年)，頁 69。

急促、胃部空虛、喉嚨發緊等；心理層面有：無助、孤單、焦慮、憤怒、驚訝、愧疚、解脫等情緒；認知層面有：感覺死亡的人還在，無法相信等；行為上出現失眠、食慾不正、心不在焉、反應遲緩、舊地重遊、呼喚死者等。〔註 77〕同樣的事件，很多人可以很快走出，有些人會一直沉溺於當中，雖然死亡是無從選擇，然而從容的結束是吾人可以選擇的。透過無常推動著吾人預習離別的課題，可以提早為自己做好臨終關懷的做準備，簡單可分為物質層面和精神層面。物質面可以透過遺囑、委託人、交代喪葬事宜等，讓心中了無牽掛。像筆者家庭不會忌諱談這個話題，我媽都說她不要插管急救，順其自然地走就好。精神層面可以透過莊子的生命智慧，透過身心實踐，獲得身心解消及安頓。雖然說生生死死死死生生，死是另一種型態生的開始，然而離世前的功課還是要有，可以透過平常修行及善護心念的累積，讓自己在臨終前，在身心躁動中，也能有定力繼續守住隱微心念，維持身心解放前的安頓。

究竟死亡是什麼感覺呢？筆者有過瀕臨死亡的經驗，時間發生在我 15 歲就讀專一時，一場大雨的夜裡，學姊騎摩托車載我要去參加一場志工活動。冰冷的雨水一直打在我的臉上，於是我就索性躲在學姊的身後，一手抓著後座的扶把，一手握著讀經會考的隨身本。在高雄通往水管路的暗黑馬路上，一臺廂型小貨車在主幹道從左側行來，學姊闖紅燈與小貨車對撞，在後座的我瞬間噴飛出去，如同拋物線般重重摔在馬路中央，滾了幾圈後停了下來，所幸當時沒有其他來車。雖然短短幾秒我的靈魂飛了出去，瞬間 15 歲的生命經歷點滴從我眼簾如跑馬燈般迅速跑完，原來人要死之前真的會如跑馬燈般迅速播放一生。我突然一個念頭上來：「父母把我養成那麼大，都還沒報答，就這樣要走了，我不要！」眼淚瞬間湧出的當下，我的靈魂又進入了體內，我就感受到自己頭朝地整個人趴在柏油路上。小貨車的司機和乘坐的友人快速下車，將我扶坐起來。此時我的右側眉毛上方處因撞擊的力道被安全帽刮傷，血一直流下來，司機大哥和我學姐很害怕，問我還好嗎？其實還好血有流出，不然血若淤在腦裡成血塊，阻塞細微的腦血管，我很容易就中風了。我說：「還好……」他們問我還能走嗎？我說：「應該可以……」說完我使力起身，想不到立即無法支撐，又軟腳跌坐下去（其實我當時已經受傷，我不知道）。大雨一直下，他們趕緊攙扶我，從路中央移到人行道上坐著，並打 119，我學姊則是在一旁

〔註 77〕林柏每、楊育英、王榕芝、林珍玫、張芬蘭、楊秀梅、蔡宜家、賴孟娟、蘇敏慧：《健康與護理》（臺北：幼獅文化事業公司，2008 年），頁 122～124。

嚇傻了（事後她還去收驚）。他們叫我檢查一下那裡有無異樣，我感覺自己意識很清醒，簡單檢查一下身體後說：「應該都還好。」

因為蹲坐在人行道上，我手臂靠在膝蓋時，發現左側膝蓋褲子怎有破洞？仔細一看還以為看錯，我看到我的骨頭，膝蓋左側撞擊到車子的尖銳處，肌肉沒了看到了肌腱底下的骨頭。心想：「媽呀～這該不會要開刀吧～」我就緩緩問司機大哥：「如果有一個傷口有點大，但若讓它自己好，可不可以不用開刀？」他說要看怎樣的傷口？他一聽到我這麼問也跟著緊張起來，說要看。我的左手立即遮住褲子破洞處，說：「你要先答應我不用開刀，我才讓你看。」他說好。我一翻開破洞處給他看左側膝蓋，他眼睛瞪大立馬說：「小妹妹，這個一定要開刀！」我就說：「阿～我不要～」他很訝異問我都不會痛嗎？我搖頭說：「不會。」父母從屏東趕到高雄，我在急診室一看到他們就立即別過頭，眼淚瞬間滑下來，覺得自己很不孝讓他們擔心了，所幸一切還算平安。就這樣，我死前的強烈求生意念，讓我又活了下來。度過了生平第一次車禍，坐救護車，開刀經驗，現在臉上和膝蓋的傷口縫合處都還在，讓我更珍惜生命，因為往後的日子都是多的，算是一種重生的概念。神奇的是當時傷口一點都不痛，反倒是術後傷口護理的消毒過程比較痛。也因為我車禍，那個黑暗的路口安裝了路燈，造福人群也算值了。此次瀕臨死亡經驗，讓我相信人除了身體外還住著一個東西，姑且叫靈魂。也更體會什麼是無常？造化要帶走一個人是不需要任何理由的。好好珍惜每一刻生命有活著的機會，沒有肉體時又會踏上另一個旅程。有了這個經驗後，我發現我並不會害怕靈魂脫離身體的過程，反而死前一刻在乎是否遺憾？因此，對我而言，只要我過好我的每一天，珍惜該珍惜的人，做想做的事，不留遺憾，隨時要走時，就能走的瀟灑了。因為不管有沒有這個肉體，我都在往我生命想要的旅途上前進著。反而，自己對於死亡的議題，好像比較是害怕重要關係人離開。雖然都知道這也是生命必經的一環，只能珍惜，形體倘若離開，若有形體有緣定會再重逢，若無形體就是「相忘以生，無所終窮」（〈大宗師〉）〔註78〕。〈養生主〉中「秦使弔老聃」〔註79〕一則寓言也有提到，要火盡而薪傳，傳承的是道家精神，不是老聃的形軀。雖然這些道理都知道，但離做到還是有一段實踐的歷程，就交給生命之流，慢慢學習安之若命了。

〔註78〕〔清〕郭慶藩注：《莊子集釋》（新北市：商周出版，2018年），頁189。
〔註79〕〔清〕郭慶藩注：《莊子集釋》（新北市：商周出版，2018年），頁98。

第二節　生理營衛之道的具體實踐

如何將道家帶給吾人的生命智慧，活用於生命的生理議題中。接下來筆者將進行「生理議題的省察與反思」、「案例分析」二個環節進行論述，剖析如何幫助自身或他人在生理議題上，獲得成就解鎖。

一、生理議題的省察反思

生理議題成就解鎖的體道者，同時也是此議題的思想貫通者。在面對生理形軀議題，扼要可包含「社會形塑的價值觀」及「造化」兩部分。生活在人間不免會受社會主流性的價值觀影響，當沒有站穩自己時，就容易形成自我批判。「社會形塑的價值觀」主要包含「容貌」與「體態」。人活在天地中，離不開造化，當對於生老病死議題不夠通透時，容易造成怨懟恐懼等負面情緒影響身心。「造化」主要包含的就是「出生」、「老化」、「病痛」及「生死」議題，如表 4-1。

表 4-1　研究者整理

道 / 生理議題	社會主流價值觀		造　化			
	容　貌	體　態	出　生	老　化	生　病	死　亡
通達	甲					
不通達	乙	丙	丁	戊	己	庚

如何疏導的具體作法為，第一步驟「走在關鍵的決策」，釐清議題，體道者透過深度聆聽和有效提問進行資料收集，確認個案想要探討的生理議題是在哪一個？對於外表長相不滿意？（乙位：容貌）對於身材不滿意？（丙位：體態）對於出生後形體或基因的殘缺？（丁位）對於機能及外表逐漸老化無法接受？（戊位）對於身體病痛感到怨懟？（己位）恐懼死亡？（庚位）體道者要能聆聽個案現在站在乙到庚的哪個位置上？確定位置後，體道者的目標就是協助從不通達的位置回到甲位通達的位置。

確認位置後，要再確認困擾此議題的對象，到底是自己？還是別人？若是自己當然接下去解牛環節，然而有些個案的對象不是自己是別人，例如：看不慣女兒太胖，擔心嫁不出去；看見父母逐漸老化，難過捨不得；無法接受重要關係人離開人世等。若主角是別人，個案是無法有主宰的權利，這時候就要帶入道家的「生而不有，為而不恃，長而不宰」(〈第十章〉)〔註80〕尊重陪伴的概念，鬆動個案想要控制別人的有為造作，回到每個人都可以是逍遙無待的，尊重每個人都有選擇自己人生怎麼活的權利，包括飲食習慣、生活作息、運動計畫、甚至是何時離開人世。當然一個人不能控制一個人，但一個人可以影響一個人，吾人不能要求別人要怎麼做，但可以從自身做起，發揮渲染力，讓別人願意跟隨。例如：看見你這樣吃很健康，於是也跟著改變飲食型態。因此不控制跟完全放棄是兩碼事，兩者要拿捏。王夫之說：「聖人之抱一也，方其一與一為二，而我徐處於中；故彼一與此一為壘，乃知其本無壘也，遂坐而收之。壘立者居，而坐收者不去，是之為善爭。」〔註81〕帶著從容淡定的狀態處世，若相對是為了促成，終將會成，看似對立也不是對立。然而淡定並非無感，「壘立者居，而坐收者不去」一直存在陪伴著，沒有離去。

釐清議題及對象後，是了解個案的生理形軀議題後，體道者透過深度聆聽和有效提問進一步資料收集，聚焦個案目前所站的時空位置。以容貌和體態的生理議題而言，釐清個案目前到底是在 A、B、C、D 當中的哪一個位置，如表 4-2。同時感受個案在表述過程，通達與否？通達的標準就是知的層面是否獲得疏通，也就是認知的思維不堵塞和感知的情緒回到暢達（平靜或快樂等）。

表 4-2　研究者整理

	符合主流價值	不符合主流價值
通達	A	B
不通達	C	D

通常個案會感到困擾，來自於站在 C 或 D 的位置。C 的位置是「符合主流價值，但情緒呈現不通達」，此位置的心因性成分居高，永遠都是覺得自己不夠美。D 的位置是「不符合主流價值，情緒又不通達」。通常又分 D-1：先天不可逆（小胖威利）；D-2：後天不可逆（甲狀腺切除 / 慢性病等）；D-3：後天可逆（心因性：厭食暴食）。個案是活的，有些位置是有動態歷程，有可能會從「過去不符合主流價值又不快樂」的 D 位，移動到「符合主流價值但又不快樂」的 C 位（自己認為胖，強迫自己瘦下來符合主流價值後，導致身心失衡）。

〔註80〕〔魏〕王弼注、樓宇烈校釋：《王弼集校釋》(臺北：華正書局，1992 年)，頁 22。

〔註81〕〔清〕王夫之：《老子衍》收入於熊鐵基、陳紅星主編《老子集成》第 8 卷（北京：宗教文化，2011 年），頁 564。

第二步驟「生命道路的通達」，知道個案要去哪裡（目標）？體道者也就是透過心齋的深度聆聽及有效提問，確認個案的目標是「符合主流價值又快樂」的 A 位？還是「不符合主流價值但快樂」的 B 位。目標確認後，開始協助個案由「符合主流價值但又不快樂」的 C 位移動到「符合主流價值又快樂」的 A 位，或由「不符合主流價值但又不快樂」的 D 位，移動到「不符合主流價值但快樂」的 B 位。

第三步驟「高瞻遠矚的智慧」，協助個案從目前所站位置，移動到目標位置上，回到生命通達，策略為：（1）移動「符合主流價值但又不快樂」的 C 位到「符合主流價值又快樂」的 A 位：與個案探討過去曾經發生什麼事件後，開始覺得自己不夠美。是誰認為不夠美（不夠瘦）？是自己還是別人？抓出對象後進行事件處理。藉由「莊子淑世精神的實踐模組」進行對談，從中鬆動個案成心框架，改寫成心編碼，提升「知」系統及情緒的釋放，疏導協助個案恢復生命通達。

（2）移動「不符合主流價值但又不快樂」的 D 位，到「不符合主流價值但快樂」的 B 位：倘若不可逆，就是提升認知，例如：上文提到的莊子物化觀、安、醫護衛教、至人反思、生死觀等老莊思維。面對 D-1 和 D-2 不可逆，探討個案內在的成心編碼，同時提升個案認知，移動個案由不安到安，並探討能夠降低不舒服的域值的策略。筆者過去長期擔任需要口語表達的工作，四年前開始左嘴角，只要過勞就會開始脫皮接下來就是裂開，吃東西嘴巴都很痛。因為很明顯影響觀感就必須要戴口罩。去看皮膚科，醫生說不可逆。所以，我近幾年已從台上表達性質工作，轉為幕後居多，現在就是和它共處，提醒自己勿過勞，保持身心合一，重新調整自己的生命節奏。疾病它是一種徵兆來提醒我，我認為是好的，因為身體知道我做著不是自己真正想要的事，再過勞下去，身心只會越來越分離，於是啟動自我保護機制創造出症狀，好讓我停下腳步，進行身心重整的工作。否則我只會越來越仰賴老天賦予我的天賦，活在掌聲中容易少了覺察迷失自己，這對我的生命提升沒有幫助。因此發現生命有這樣的轉折也很好，找到一個讓自己安的理由，讓自己放下往前走。

D-3 處理流程和 C 位到 A 位一樣即可，經過鬆動成心編碼並同時提升認知後，自然啟動自體內分泌系統，交給造化自行調整。這過程個案也有可能從 D 位到 B 位再到 A 位，就像筆者現在一樣，面對主流價值觀胖瘦美醜議題經過疏導，恢復生命通達後，就回復自然體態。至於「莊子淑世精神實踐模組」

的會談何時該止？關鍵核心一個字就是「道」，也就是掌握通達。因此，環節結束時機為個案回饋知的層面獲得疏通，也就是認知的思維和感知的情緒，皆已恢復生命的通達。體道者的目標就是疏導個案回到通達，整個環節以個案為主體，體道者只需跟隨個案，成其所成。

二、案例分析

莊子淑世精神實踐模組能夠幫助「自己」和「別人」獲得生命的通達，透過庖丁解牛扼要勾勒要領，當中以道的四個涵義作為架構，操作步驟運用道術合一，過程靈活切換成心與道心協助自己與他人進行疏通，此有別於經驗科學心理學單純心智上的諮商。透過上段「生理議題的省察反思」得知面對生理形區的生命議題，至少有社會主流價值觀（主要是容貌和體態）及造化帶給吾人的生、老、病、死，十分多元。以下本文就三個案例，分別為疏通自己「死生」議題、疏通他人「病死」議題 A 個案及疏通他人「身體症狀」議題 B 個案的會談實例，進行分析與歸納後，呈現運用莊子淑世精神實踐模組，在生理議題上疏通自己和個案的研究結果。

（一）案例分析一——疏通自己「死生」議題

當能夠尊重他人生命每一個小選擇時，有一天當面臨大的選擇時也能夠尊重，這個大的選擇，就是包含生死的選擇，何時離開人世間。有一天生命中你認為很重要的人有了病痛或者可能會離開人世間，你能否尊重他靈魂的選擇？有一陣子覺得自己心情沉重、悶悶、有想哭的感覺。於是就自己庖丁解牛一番，後來發現悶悶想哭的感受來自於，我有一個很支持我的老師身體有了異樣，我問他：「過得好嗎？」每次他都是說：「還好」，那次他竟笑笑跟我說：「很不好……。」我觀察他確實手腳不太靈活，走路步態明顯不穩，甚至還側偏一邊。整個身體都已經很不適了，還帶著半開玩笑似的跟我交代一些事。在互動的過程，這個影像印入我腦海，雖當下沒有明顯反應，但原來我當時的情緒是壓抑的，悶葫蘆一個，心情是擔心悶悶的，身體症狀反應是眼睛想流淚。其原因來自於我沒想到這位老師剛步入壯年的年紀，有可能會離開我，我的生命有可能會失去一個給我力量啟迪我智慧的人，於是我感到很難過。我發現我無法解決自己這個問題，因為我當下有自己的思維侷限，情緒使然，我抓住這個情緒不想放，心智無法用更寬闊的角度提問自己，於是我找了我從小長大的麻吉約了時間，請他依照道的實踐模組流程提問我。

1. **模組一「走在關鍵的決策」——我在哪裡？**

I：（我將自己已經覺察到的老師事件、我當下的行為反應、事後身體的感受、心理情緒、思維想法將上述內容再表述一次。）（TI-2019-1013-1）

C：（點頭）（Counselor，以下簡稱「C」）（TC-2019-1013-1）

2. **模組二「生命道路的通達」——我要去哪裡？**

I：我發現我不怕死，但我對於重要關係人離開感到焦慮。我想要把我的焦慮不安拿掉，目標是想要讓自己能夠面對「重要關係人的生死議題」。（TI-2019-1013-2）

C：（點頭）（TC-2019-1013-2）

I：我發現我是一個很重情義的人，過去在醫院實習一整年下來，我最不喜歡待的單位就是加護病房，因為視病如親。所以當看著自己照顧的病人被急救被電擊時，我會很痛苦。去到一般普通病房發現也躲不過無常，一次我要去跟我照顧的伯伯說我下班了，門一打開現場就看到急救電擊的畫面。這是一個即將隔天要出院的爺爺，來開攝護腺的小刀（在醫院這算小手術），他原本是住雙人房，也請看護照顧，太太仍是在一旁日夜陪伴。家人捨不得八十幾歲的媽媽辛勞，加上隔兩天就要出院了，於是家人就先載奶奶回去，說很快就可以見到了。當天就有排到單人房，孝順的子女將爺爺轉到單人房，想給爺爺有更寧靜有品質的照護。誰知隔天一早子女去工作，看護竟私自外出，爺爺無人看顧。推測爺爺醒來想上廁所，一個人慢慢移動走到廁所。蹲完馬桶起身姿位性低血壓，一個不穩重心就往後倒，腦勺腦幹撞到門檻。發現時已在廁所血流成河，呈現昏迷，急救後仍回天乏術。看護回來看到嚇死了，家屬一到場，看護立即跪下去求饒，家屬很激動無法諒解，還甩開她的手。因為爺爺的身體真的很硬朗，家屬沒有想到爸爸只是來開個小刀，怎麼就這樣走了，一句話也來不及交代。那天我上白天早班，一直到晚上八～九點才離開。那一刻我真的覺得人生很無常，在老天面前人很無能為力。開刀房實習時，有的是一撞稀巴爛送來送進來整個腿只剩大腿骨的病患，有 16、17 歲飆車嚴重車禍同時送進來昏迷開腦的，還有病人跟我分享半夜聽

到七爺八爺鐵鍊聲，隔壁床清晨就離世，讓她嚇死了急著出院的。（TI-2019-1013-3）

C：恩……（點頭）（TC-2019-1013-3）

在一個信任安全場域下，個案啟動自我調節系統。開始滔滔不絕的一直表述，個案自己的成心開始丟出過往很多畫面，讓個案透過表述整理過往對於生死議題的成心編碼記憶。因為個案自己有自我庖丁解牛道術合一的能力，所以調度速度很快，此時體道者只需跟隨。

I：兩年前一次你（麻吉）突然有事要跟我說（通常不會這樣），見面才知道那天在工地承載物的太空包破掉，900 多公斤的廢棄物重力加速度從高樓直墜掉落，這個墜落點就離你一個手臂距離，大塊的廢棄物還砸到旁邊的車子，簡直花 70 萬賠車換一條人命。我聽到表面雖鎮定，但同時也嚇死我了。這些生命經歷都讓我覺得生命很脆弱很無常，在老天的面前真的無法掌控什麼。所以，當生命快面對生死議題時，我都會下意識想逃開，還年輕時當然可以逃開，所以我選擇精神科、產科這都是比較歡樂的病房。但隨著年齡增長後，看見父母年紀越來越大，白髮臉上皺紋越多，甚至上下樓梯步伐逐漸退化，內心就會開始不安，因為知道有一天他們會離開我。所以這幾年佛堂辦的育樂營晚會過程，我就會過去找我爸，坐在旁邊緊握他的手，有時一邊隨著晚會唱歌，眼淚就一直滑落。此次我這位老師的事件迫使我必須面對自己內在過去對於生死離別害怕的議題。（語速變慢）（TI-2019-1013-4）

C：恩。（點頭，眼球左右轉動一下，停頓了五秒）（TC-2019-1013-4）

3. 模組三「高瞻遠矚的智慧」——我要如何做到？

C：所以……你是「不知道」……？還是「不面對」……？（TC-2019-1013-5）

I：（本來在哭，突然停止，眼球左右閃動一下）噫～我好像是不……面……對……。（TI-2019-1013-5）

體道者精準的透過提問釐清問題，確認目標。因為目標會決定做法，若個案的位置是「不知道」，那就要讓個案明白什麼是生死議題。若個案是「不面對」，那就是知道可是做不到、或是不想做、或是不願意做、或是還沒準備好，都有可能。那就要繼續跟隨個案。結果個案的答案是不面對。

C：嗯～（點頭）（TC-2019-1013-6）

I：因為我真的放不下～（哭）。人生走至今，覺得生命當中出現貴人、支持我的人很重要，我實在放不下。（又繼續哭）（TI-2019-1013-6）

C：（點頭後，看著我，停了五秒）你～又何曾擁有過……？（TC-2019-1013-7）

I：（突然腦袋震了一下。如雷貫耳！心想！對阿！人生出生到現在發生的一切，本就不是我的，我又何曾擁有過？眼睛一閉，兩腳一蹬，確實什麼都沒有了。心想這句真是強而有力的問句。突然腦袋立即跳出「一切有為法，如夢幻泡影，如露亦如電，應作如是觀」。瞬間醍醐灌頂，馬上覺醒。太厲害了！提問兩句話就 KO 掉我）恩……（緩緩點頭，右手比讚）（TI-2019-1013-7）

當個案從平常內言的自我對話的提問路徑，轉為由耳朵進入思辯後再從嘴巴表述講出。路徑不同，如同另一個自己在面前與自己對話，讓有庖丁解牛經驗的個案重新進行自我整合。因此，個案腦袋突然開竅震了一下，內在成心編碼自己整合定位完畢後，用點頭比讚表示成功移動成心編碼了。

4. **模組四「內外辯證的實踐」——我要如何處世？**

C：（跟著點頭，微笑）嗯～恭喜～你再差我這關，你就都過關了～（TC-2019-1013-8）

I：哈……（TI-2019-1013-8）

此時會心一笑，確實這關過就真的超脫了。這個體道者他是我從小一起長大的哥兒們兼好麻吉，也是生命的靈魂伴侶，陪我經歷生命的高山低谷，應該是曾約定好來走人生這一遭的。因為興趣志向不同，我喜歡與人群互動，體驗生命，探索我是誰？他覺得自己沒什麼志向，簡單過一生就好，他小時會去佛堂並不是像我想發揮生命光和熱之類的，是因為父母帶去的因素。我們平常各過各的生活，他是怪咖，話極少，我朋友多，他朋友就我一個，他認為人活著不太需要刷存在感，最好都沒人認識他，總之是一個極簡之人。我們見面也可以都沒講話，然後彼此各忙各的，他看他的影集或動物星球，我忙我的專案。但只要一對話就是這樣，很有禪味，我這個哥兒們真是比我老成又有智慧。

案例中因為個案本身具有社會輔導及庖丁解牛的自我分析經驗，所以面對生死議題的狀態、策略擬定其實能夠自己處理，她呈現的是面對死生議題在

「知道但還沒準備好」的位置，主要在「不面對無常」的環節上卡住。當個案正視自己的生命議題後，堵塞的能量再度流動回到生命通達，而這就是道家提問止的契機。這個解牛環節輔導者就是運用道家的冷慧，這樣的慧見感覺有點冷冷的，對於這個世界，採取空谷回應方式，當萬物需要我時，我就出手協助疏通，很清爽的生命調性。讓個案明白尊重每個人生命的發展與造化的運行，同時也可以尊重允許自己有所感受。〈大宗師〉中的「修行」〔註 82〕二字真的是修生命的學問，跟一般知識不同，真的實踐過才會懂，如人飲水冷暖自知，那個每一次往內「知」的翻轉，實在快意暢達。因為個案這輩子想要見素抱樸，越活越簡單灑落。所以會期許自己若無法當個先知先覺的人，那就至少後知後覺，透過外境逼自己面對內在尚未處理的生命議題，再怎樣都比不知不覺渾渾噩噩過一生來的好。當個案從過去「知道但沒準備好面對生死議題」的位置，移動到「知道也準備好面對生死議題」，接下來就是往要「知道並做到面對生死議題」的路上前進。

（二）案例分析二——疏通他人「病死」議題

A 個案 40 歲，為安親班老師，已結婚定，居在高雄。住臺東家鄉爸爸來電表示，和他相依為命的老狗因腸套疊需開刀。然而山上偏僻，醫療資源短缺，無執照的獸醫（密醫）憑著經驗開刀，手術沒成功。在緊急未經家屬同意下，又開了第二次刀。結果情況沒好轉，反而更嚴重，現在狗狗坐立難安，呈現表情痛苦，醫生建議直接安樂死，爸爸捨不得。最新消息，雖然現在狗狗可以用後腳站起。然而父親越來越年邁，個案現在已結婚無法在身旁照顧，相依為命的狗狗又將離開，一想到父親會越來越孤單，個案越想越難過，不斷流淚。上述內容陳述及陪伴情緒釋放約 30 分鐘左右，本文將表述內容濃縮概要呈現。（TA-2020-0130-1、TA-2020-0130-2、TA-2020-0130-3、TA-2020-0130-4、TA-2020-0130-5、TA-2020-0130-6）

1. 模組一「走在關鍵的決策」——我在哪裡？

R：恩～（點頭）所以真正困擾你的是什麼？（微笑）（TR-2020-0130-7）

A：我想到爸爸和狗遠在台東孤單，我無法照顧，感到很無能為力。（皺眉、流淚）（TA-2020-0130-7）

〔註 82〕〔清〕郭慶藩注：《莊子集釋》（新北市：商周出版，2018 年），頁 191。

有時個案來到面前，會一下子散焦滔滔不絕講很多，這時候只要兩個提問，就可以聚焦探討的主題。問句為：「所以，困擾你的是什麼？」或「所以，你今天想要探討的主題是？」就像在學校進修時，筆者會看到不同類型的學生來找我的指導教授，有些學生一來也是滔滔不絕地講很多，我的教授也是聆聽到最後，通常會提問一句：「所以，你希望我幫你什麼？」或者「所以，你要問我的是什麼？」這類型的問句就是在聚焦探討的主題，讓整個會談有個主軸，前進的方向一出來，後面的會談才能在短時間內達到成效。這類問句除了聚焦外，也可以協助聆聽者做到跟隨的動作，跟隨個案往同樣的方向前進，以便疏通個案卡住的點。

2. 模組二「生命道路的通達」——我要去哪裡？

R：恩～所以你想探討的是「爸爸和狗」？還是「你和爸爸」？（TR-2020-0130-8）

A：先討論爸爸和狗好了。（TA-2020-0130-A）

這句話問下去除了聚焦主題，同時也可以確認個案欲前進的方向，也就是個案的目標。目標不同，庖丁解牛環節探討的內容就會跟著有所差異。因為事件還在發生中，所以若探討的主題是「爸爸和狗」，那就是主要針對事件後續處理探討，包括全家對狗的處理、個案目前情緒的紓解。若針對主題是「個案和爸爸」就是探討更深的議題，面對遠處的娘家，父親一天天老化的老病死的議題。

3. 模組三「高瞻遠矚的智慧」——我要如何做到？

R：當你在陳述這件事時，你覺得有什麼情緒跑上來？（微笑）（TR-2020-0130-9）

A：難過。（繼續哭）（TA-2020-0130-9）

R：原因是？（TR-2020-0130-10）

A：看到爸爸難過我也跟著難過。（TA-2020-0130-10）

R：恩～還有嗎？（微笑）（TR-2020-0130-11）

A：震驚。（TA-2020-0130-11）

R：原因是？（TR-2020-0130-12）

A：醫生怎麼可以未經家屬同意，又開了第二次刀。（TA-2020-0130-12）

R：恩～還有嗎？（點頭）（TR-2020-0130-13）

A：我感到生氣。我質疑醫生，沒有牌照還職業。（右手握拳）（TA-

2020-0130-13）

R：恩～還有嗎？（點頭）（TR-2020-0130-14）

A：傷心。因為看著事情發生，我遠在他地，想幫忙卻無能為力。（皺眉）（TA-2020-0130-14）

R：恩～還有嗎？（點頭）（TR-2020-0130-15）

A：沒有了～大概是這樣。（TA-2020-0130-15）

R：恩。那這個難過的情緒，1 到 10 分有幾分呢？（TR-2020-0130-16）

A：8 分。（TA-2020-0130-16）

R：震驚呢？（TR-2020-0130-17）

A：9 分。（TA-2020-0130-17）

R：生氣呢？（TR-2020-0130-18）

A：9 分。（TA-2020-0130-18）

R：傷心呢？（TR-2020-0130-19）

A：9 分。（TA-2020-0130-19）（逐漸停止哭泣）

溝通路徑由心理情緒路徑切入，整理個案對於此事件的情緒一共有 4 個，分別為：難過 8 分、震驚 9 分、生氣 9 分、傷心 9 分。心理情緒路徑切換意義設定路徑，從中也了解個案對於情緒背後的信念及價值觀，以便待會一併整合認知系統：「看到爸爸難過我也跟著難過」，呈現的是「孝順」價值觀；「怎麼可以未經家屬同意，又開了第二次刀」，呈現的是「醫療倫理」價值觀。「我質疑醫生，沒有牌照還職業」呈現的是「專業」的價值觀。「因為看著事情發生，我遠在他地，無能為力」呈現的是「責任」的價值觀。

R：好喔～那你現在願意站起來配合我一個動作嗎？（TR-2020-0130-20）

A：可以。（點頭）（TA-2020-0130-20）

R：現在這裡有幾張卡片，你抽個 6 張，待會我會分別將排卡擺成圓圈狀，妳待會陳述一下你將抽到卡片的信念，融入於這個事件的想法。（TR-2020-0130-21）

A：好。（TA-2020-0130-21）

（排好，個案抽起第一張為「我們所有的經驗都儲存在大腦和神經中」）

R：感覺一下，有什麼想法嗎？（微笑）（TR-2020-0130-22）

A：（個案低頭思索，30 秒後）我跳出了過往事件，95 年我養了 7 年的狗，因為食物中毒死了。後來才知道狗狗生病，媽媽無知磨普拿疼給牠吃。我感到生氣，為什麼有狀況時也沒說，就用自己的方式處理！（生氣的表情）（TA-2020-0130-22）

R：所以，此次對醫生會生氣原因，是不是也是因為醫生有狀況時也沒說，就用自己的方式處理呢？（TR-2020-0130-23）

A：好像是耶！（表情轉換訝異）原來我跟過去我媽的處理方式連結了，難怪生氣。（TA-2020-0130-23）

R：恩～那如果對這類型的人處理事情的方式，重下正向結論你會下什麼呢？（TR-2020-0130-24）

A：恩……至少有處理了。（低頭思考約 5 秒後，緩緩點頭）（TA-2020-0130-24）

R：恩～非常好～至少有處理。不是都擺爛，是嗎？（笑出）（TR-2020-0130-25）

A：哈哈～也算～（講完自己也笑出，表情從僵硬轉為柔和）（TA-2020-0130-25）

溝通路徑由意義設定路徑切入，透過詞句探討，帶出個案過往事件，也就是意義設定路徑切換為感官記憶路徑。找到事件個案之所以情緒生氣的成心編碼「為什麼有狀況時也沒說，就用自己的方式處理！」進一步鬆動編碼進行轉成新的編碼為「至少有處理了」。認知系統改變，生氣的情緒瞬間疏通，個案改變狀態，笑出臉部表情從僵硬轉為柔和。

（個案移動位置，抽起第二張為「不管任何時候，人們總是傾向做對自己最有利的選擇」）

R：好的，感覺一下，將這句話融入事件中，有什麼想法？（TR-2020-0130-26）

A：恩～醫生表現積極也是因為開刀失敗，想要試試能不能救起來，面對醫療疏失，他也想保護自己。父親一開始同意開刀，也是希望狗狗能夠陪他久一點。（TA-2020-0130-26）

R：恩～非常好，所以呢？（點頭）（TR-2020-0130-27）

A：大家也都是為了讓自己能夠走下去。（TA-2020-0130-27）

R：恩～非常好，所以呢？（微笑）（TR-2020-0130-28）

A：我感覺自已好像比較可以理解每個人的做法。好像比較可以接納我無法接受的事實了。（TA-2020-0130-28）

R：恩，太棒了～（微笑）（TR-2020-0130-29）

A：呵～（微笑）（TA-2020-0130-29）

當個案試著站在事件其他關係人的角度換位思考時，逐漸從原本的「生氣」、「震驚」，無法理解，轉成「理解」與「接納」。認知系統調整同時也釋放生氣和震驚的情緒，認知系統和感知系統的成心編碼同步整合中。

（個案移動位置，抽起第三張牌卡為「沒有一個完美的溝通，溝通本身就是完美的」）

R：試著再感覺一下～（TR-2020-0130-30）

A：我發現人之所以在乎，往往是因想控制溝通後的結果，因為想控制事件最後的結果狗狗的病好起來，所有的一切應該有一套合理的流程，例如：正確送醫、找專業的醫生、進行妥善的照顧等。所以，一切不如我願時，我痛苦。（頭低語）（TA-2020-0130-30）

R：恩～非常好。那不控制要什麼？（TR-2020-0130-31）

A：要圓滿。（TA-2020-0130-31）

R：非常好！可不可以再多說一下那個「圓滿」？（微笑）（TR-2020-0130-32）

A：不論狗狗最後怎樣，我盡力做到最大的圓滿。（眼神轉為堅定）（TA-2020-0130-32）

R：恩～非常好～（點頭）所以一開始你講的面對父親逐漸老邁，現在已結婚無法在身旁照顧，越來越感到無力。如何運用你這句「我盡力做到最大的圓滿」呢？（TR-2020-0130-33）

A：（想了約半分鐘左右）恩～面對所有生老病死的過程，我盡力做到最大的圓滿。（TA-2020-0130-33）

R：哇～聽起來很有力量。真是太棒了！（右手比讚的手勢）（TR-2020-0130-34）

A：（微笑）（TA-2020-0130-34）

個案的無力、憤怒、震驚等情緒，皆來自於個案內在有一個成心劇本，劇本裡有很多認為「應該」的成心編碼，例如：正確送醫、找專業的醫生、進行妥善的照顧等，當不符合她的期待時就會造成痛苦。然而都市與偏鄉的就醫環境本來就有落差，當她不試著掌控一切，包含狗狗的病痛就醫過程，甚至狗狗最終的死亡時，整個人的狀態變得柔和，身體也從緊張僵硬前傾的狀態，變成自在的站著。當個案為自己下了一個強而有力的成心編碼後，這時候就不需要牌卡給予意義設定，放掉工具由個案自己設定的意義作為此議題認知系統的定位。體道者更進一步順勢一併處理「個案和爸爸」的關係議題，也就是面對遠處的娘家父親，一天天老化，有一天會離開，孝順的她因為生命階段的選擇，已無法時刻在身邊的事實。體道者運用個案對狗狗病痛即將死亡下的成心編碼，順勢提問個案如何將「我盡力做到最大的圓滿」的成心編碼，再擴大面對老化、病痛、甚至將來的死亡。個案重下一個成心編碼，就是「面對所有生老病死的過程，我盡力做到最大的圓滿。」這句話一出來，個案就為自己在面對整個老病死的造化議題上，做出了終極定位。不論面對動物、至親、包括自己，在生老病死的過程，以圓滿為目標，盡力為面對的狀態因應生死議題。

4. 模組四「內外辯證的實踐」——我要如何處世？

R：非常好。(點頭) 那麼要如何做到「我盡力做到最大的圓滿」呢？(TR-2020-0130-35)

A：我想我可以～自己每天主動打電話關心爸爸和狗。(TA-2020-0130-35)

R：恩～非常好！還有嗎？(點頭)(TR-2020-0130-36)

A：(約過 30 秒) 無法回去時，請嫁台東市的妹妹假日回去看爸爸和狗。(TA-2020-0130-36)

R：恩～很好喔～(點頭) 還有嗎？(TR-2020-0130-37)

A：我想我可以請我的孩子打電話給阿公。(微笑)(TA-2020-0130-37)

R：恩～很好，還有嗎？(點頭)(TR-2020-0130-38)

A：目前大概想到如此。(TA-2020-0130-38)

R：恩～非常好。所以，我們至少討論出三點，分別為「自己每天主動打電話關心爸爸和狗」、「請嫁台東市的妹妹假日回去看爸爸和狗」、「請孩子打給阿公」。(點頭)(TR-2020-0130-39)

A：恩恩～(微笑)(TA-2020-0130-39)

R：那麼何時可以開始進行呢？(微笑)(TR-2020-0130-40)

A：待會就可以阿。(微笑)(TA-2020-0130-40)

R：哇～太棒了！(微笑)現在再感覺一下身體，心情如何？(TR-2020-0130-41)

A：哇～心情很好啊！有點忘記剛才的心情了，哈～(張嘴笑)(TA-2020-0130-41)

R：恩～很好喔～那麼現在難過還剩幾分？(TR-2020-0130-42)

A：沒有了～(TA-2020-0130-42)

R：震驚呢？(TR-2020-0130-43)

A：沒有了啦。(微笑，揮手)(TA-2020-0130-43)

R：生氣呢？(TR-2020-0130-44)

A：不氣了。(搖頭)(TA-2020-0130-44)

R：非常好喔～那傷心呢？(TR-2020-0130-45)

A：都沒有了。(笑)(TA-2020-0130-45)

R：太棒了！恭喜你，說說你的收穫吧～(TR-2020-0130-46)

A：我現在感覺很平靜安心，無力感也消失了，更多了份柔軟。也讓我知道未來面對生命不可抗的議題，我可以用什麼樣的心態面對，真是太謝謝你了！(微笑)(TA-2020-0130-46)

R：那真是太棒了！恭喜你！那待會就趕快進行妳的計畫吧～相信你一定能盡力做到圓滿的。(右手按讚)(TR-2020-0130-47)

當個案內在成心編碼定位後，接下來就是擬定行動策略，協助個案回到現實生活中能將定位後的想法落實。透過探討出三點具體策略，讓個案面對「爸爸和狗」的議題上更順暢，以目前現階對個案能力能做的事，分別為：「自己每天主動打電話關心爸爸和狗」、善用資源「請嫁台東市的妹妹假日回去看爸爸和狗」，以及「請孩子打電話給阿公」。最後結束再給予情緒評分做前後對照，從原本分數三個九分及一個八分，解牛環節結束分數化整為零。最後激勵行動，並下一個後催眠暗示「相信你一定能盡力做到圓滿的。」讓會談畫下圓滿的句點。

（三）案例分析三——疏通他人「身體症狀」議題

B 個案，55 歲，女性，某企業 CEO（Chief Executive Officer，執行長），此次來想探討困擾多年的鼻塞的議題。

1. 模組一「走在關鍵的決策」——我在哪裡？

個案表示從高中畢業開始就會有鼻塞問題，一直到現在，每次症狀開始就會有鼻子脹脹、打噴嚏、呼吸困難的情形。困擾就是天氣只要一變化，就會有鼻音、呼吸都吸不太上來的情形。看中醫也沒什麼成效。資料收集花 10 分鐘左右，上述為重點摘要。個案的議題為探討身體症狀（疾病）議題，對象是自己。（TB-2019-1202-1、TB-2019-1202-2、TB-2019-1202-3、TB-2019-1202-4、TB-2019-1202-5）

2. 模組二「生命道路的通達」——我要去哪裡？

R：所以，你今天的目標是？（微笑）（TR-2019-1202-6）

B：我想改善我的鼻塞問題。（TB-2019-1202-6）

個案的議題是身體症狀議題，有關長年鼻塞的困擾，目標很明確就是想要改善鼻塞。探討鼻塞切入方式很多種，在個案尋求外界其他方法無效後，研究者選擇用催眠身心連結，「莊周夢蝶」（〈齊物論〉）〔註 83〕方式打開身心侷限，引導個案進行自我對話。

3. 模組三「高瞻遠矚的智慧」——我要如何做到？

引導個案身體放鬆，進行催眠～

R：若鼻塞的症狀有一個形體，你覺得那是什麼？（TR-2019-1202-7）

B：（約 1 分鐘左右）我看到像一層層重疊的彎曲水管，一彎一彎的。（TB-2019-1202-7）

R：非常好，大概多大？（TR-2019-1202-8）

B：（約 30 秒左右，比出手掌大小）就架在我的鼻子上。（TB-2019-1202-8）

R：它有顏色嗎？（TR-2019-1202-9）

B：（約 20 秒左右）顏色是紫色。（TB-2019-1202-9）

R：摸起來感覺如何？（TR-2019-1202-10）

B：（約一分鐘左右）有厚度質地是軟的。（TB-2019-1202-10）

R：非常好，感覺一下它想告訴你什麼？（TR-2019-1202-11）

B：（想一下後搖頭）沒有。（TB-2019-1202-11）

〔註 83〕〔清〕郭慶藩注：《莊子集釋》（新北市：商周出版，2018 年），頁 90。

R：恩，那你有聽到什麼嗎？（TR-2019-1202-12）

B：（搖頭）我沒有聽到什麼。（TB-2019-1202-12）

R：恩，好的，那你看到它是紫色的對不對？（TR-2019-1202-13）

B：它現在變灰暗的顏色了。（TB-2019-1202-13）

R：好，那灰暗的顏色對你而言，代表什麼呢？（TR-2019-1202-14）

B：不好，穢氣阿～（TB-2019-1202-14）

要調度個案的成心出來對話，需要營造信任放鬆的場域，這時候心齋的工夫就非常重要的。心齋工夫的品質決定潛意識調度畫面的快慢。當問個案形體為何？顏色？摸起來感覺？都是一種催眠態的深化過程，深化到一定程度，輔導者提問：「感覺一下它想告訴你什麼？」提問切入的路徑由「身體症狀」路徑轉為「意義設定」路徑。隨後個案搖頭並表示沒有聽到什麼時，研究者立即覺察個案的先行系統是視覺，因為能回答紫色。當下柔軟變換溝通路徑，將感覺、聽覺的溝通路徑轉變成視覺語言。換言之，研究者靈活切換問句，跟隨個案溝通語法也是建立親和感的一環。當個案回答顏色從紫色轉變成灰色，研究者只需持續跟隨，並協助個案明白潛意識透過顏色的轉換要傳達給她的訊息。

R：恩～那紫色對你而言，又代表什麼呢？（TR-2019-1202-15）

B：平靜。現在又變成紫色了～（微笑）（TB-2019-1202-15）

R：變成紫色，很好，所以平靜對你而言很重要嗎？（TR-2019-1202-16）

B：嗯！沒錯！平靜對我而言很重要。（點頭、語氣簡潔）（TB-2019-1202-16）

R：好，那你問它，平靜跟鼻塞的關係是什麼？（TR-2019-1202-17）

B：好～（過了一分鐘）哈～好像我鼻塞時，都是我失去平靜的時候。（微笑）（TB-2019-1202-17）

R：非常好！（微笑）那你繼續問這個彎曲水管，如何能獲得平靜呢？（TR-2019-1202-18）

B：它現在變成一團紫色的氣了。（睜大眼睛並吸一口氣）（TB-2019-1202-18）

R：非常好！那你繼續問這一團氣，如何能獲得平靜呢？（點頭微笑）（TR-2019-1202-19）

B：好～它說和平共處。（TB-2019-1202-19）

R：恩～和平共處非常好！（點頭）你問它要獲得平靜就要和周遭的一切和平共處是嗎？（TR-2019-1202-20）

B：好像是耶～這團氣變柔和了～（微笑）（TB-2019-1202-20）

上述把個案梳理出紫色傳達的訊息是平靜，平靜這個價值觀對個案而言很重要。同時找出平靜與鼻塞的關聯性，也就是好像失去平靜的時候，就容易鼻塞。研究者進一步提問：「如何能獲得平靜呢？」個案回答：「和平共處。」當跟內在潛意識確認「獲得平靜就要和周遭的一切和平共處」。潛意識用氣轉為柔和來回饋她接收到訊息了。過程研究者引導個案謝謝內在潛意識給她的訊息，讓她明白平靜對她很重要，以及如何維持平靜的方式就是與外境和平共處。個案與鼻塞的形體對話完，臉色表情轉為柔和。

R：對於這團紫色柔和的氣，你已經謝謝它帶給您的訊息。現在你問它要繼續留下陪著你？還是離開呢？（TR-2019-1202-21）

B：我問完它後，它就散掉消失了。（TB-2019-1202-21）

R：非常好，平靜對你很重要，那要如何做？（微笑）（TR-2019-1202-22）

B：什麼意思？（TB-2019-1202-22）

R：可以平常就維持平靜比較好，還是等事情發生才覺得平靜很重要呢？（TR-2019-1202-23）

B：（催眠態，陷入停頓思索～）（TB-2019-1202-23）

R：就像球朝我衝來，是到面前快 K 到才看見？還是遠在 50 步或 100 步就能看見？你覺得哪一個比較好呢？（TR-2019-1202-24）

B：當然是還沒發生，就先預防比較好。（TB-2019-1202-24）

R：非常好，若能在天氣變化前或者要進辦公室冷氣房開會前做好保暖；與家人、同事、下屬間溝通前想好溝通目標，就不會陷入一直在處理他們情緒問題的情境，而獲得你想要的平靜，這是你想要的嗎？（TR-2019-1202-25）

B：恩恩～是的，當我平靜時，比較不會被牽著走。（點頭）（TB-2019-1202-25）

R：這或許就是你的鼻塞想要帶給你的訊息。你的潛意識真的很愛你支持你喔。（點頭表示肯定支持）（TR-2019-1202-26）

B：真的耶～（笑出）（TB-2019-1202-26）

當調度訊息完後就可以解消回到虛靜，因此詢問個案處理訊息的方式。同時進一步探討如何維持個案重視的平靜價值觀，透過莊子寓言故事的譬喻手法，透過球的近遠比喻，拔升個案的知見，進行資訊對齊。因為個案在催眠態，時間感是扭曲的，因此思考回應上會變慢很多，這時候研究者要發揮道家等待、從容的狀態，等待個案說出她自己的想法。因個案已是合作多次的個案，之前曾提一直在處理下屬間的情緒問題，故順勢強化預防的動作能讓平靜持續的重要性。

4. 模組四「內外辯證的實踐」——我要如何處世？

R：若平靜對你而言很重要，那麼有什麼方式，可以幫助你在平常就能專注在平靜的狀態上呢？（微笑）（TR-2019-1202-27）

B：不知道耶～（微笑）（TB-2019-1202-27）

R：若有一個姿勢或手勢你覺得那是什麼？（TR-2019-1202-28）

B：（思考約 30 秒）雙手放鬆，放在大腿上，這樣能帶給我平靜。（TB-2019-1202-28）

R：非常好～若雙手放鬆放在大腿上能帶給你平靜，你願意每天給自己多久時間專注平靜呢？（微笑）（TR-2019-1202-29）

B：5 分鐘～（TB-2019-1202-29）

R：非常好，那你願意每天在什麼時段給自己 5 分鐘，做放鬆專注平靜的練習呢？（TR-2019-1202-30）

B：睡前。（TB-2019-1202-30）

R：非常好，所以你願意每天睡前花 5 分鐘，讓自己維持平靜狀態，是嗎？（TR-2019-1202-31）

B：是的，我願意！（嘴角上揚）（TB-2019-1202-31）

R：非常好。那你現在可以做幾個深呼吸後，慢慢回到這個當下～（TR-2019-1202-32）

B：（從催眠態慢慢回到當下，表情露出微笑）謝謝你啊～（TB-2019-1202-32）

R：感覺怎樣？（微笑）（TR-2019-1202-33）

B：想不到一個鼻塞竟然可以如此～還提醒我，「平靜」對我的重要，透過此次我也拿到每天維持平靜的方法，太開心了！（TB-2019-1202-33）

R：太棒了！恭喜你喔～（點頭微笑）（TR-2019-1202-34）

研究者透過擷取潛意識訊息，讓個案知道平靜對她很重要，平常就要讓自己多維持在平靜的狀態。維持平靜的方法就是與外界（包括人、事、物、環境、天氣變化）相處時，都要試著和平共處。並再最後擬定行動策略（知行合一），個案每天願意每天睡前花 5 分鐘，做雙手放鬆，放在大腿上的動作，讓自己維持平靜狀態。每天的持之以恆，也可以讓個案專注生命重要的價值觀，當能維持平靜，展現高效能的應對，回到生命的流暢。換言之，對於個案而言，鼻塞症狀的出現，是在提醒自己留意自身的平靜狀態，若能時刻維持平靜，鼻塞自然逐漸改善。以上為 A 和 B 兩位個案的研究會談歷程，研究者對案例輔導成果，統一在第玖章結論時分成「研究者反思」及「參與者回饋」兩部分進行分析。

第伍章　莊子淑世精神的具體實踐二：虛心見真之道

主體養成部分除了生理之外，還有心理的部分，當吾人隨著年齡的增長，會發現體內好像住著另一個思考者，莊子簡單兩個字形容就叫「成心」（〈齊物論〉）〔註 1〕。如何跟自己體內這個思考者相處，達到兩者之間的平衡，莊子說這叫：「知天之所為，知人之所為者，至矣。」（〈大宗師〉）〔註 2〕除了懂得跟自己成心相處外，還有就是要懂得與他人的成心相處。一位三十幾歲女性個案表示她嫁給一個混黑道的先生，她認為先生江湖味很重沒關係，但不懂情趣實在無法接受，所以一直很期望先生能夠對她甜言蜜語，於是某天她撒嬌跟先生表示，希望能聽到別的老公都會常說的三個字。先生挑眉緩緩的說：「一定要這樣嗎？」（臺語）個案此時猛點頭並用充滿愛意討拍的眼神，看著先生說：「對！」於是先生就對著她說：「XX 娘！」（臺罵）個案聽完當場快暈倒快氣死，這就是典型成心編碼不同案例。上述例子中的個案跟一個行走江湖的人溝通，當中不明確表述自己的需求，又硬要求對方講那三個字，對方哪能直覺想到是愛語的「我愛你」，當然直接連結他過往經驗最常用的三個字，也就是髒話的媽系列問候語。每個人依照他的經驗世界生活，彼此的成心形塑背景本就不同，因此想要溝通能夠順暢，必須和對方先做資訊上的對頻，說對方聽得懂的語言，這樣溝通才會有意義。而道家展現淑世精神的方式，就是以一個溝通者、協調者、疏導者的角色示現在人間，協助萬物回到生命的通達。當中本文

〔註 1〕〔清〕郭慶藩注：《莊子集釋》（新北市：商周出版，2018 年），頁 53。
〔註 2〕〔清〕郭慶藩注：《莊子集釋》（新北市：商周出版，2018 年），頁 163。

探討莊子淑世精神實踐模組中道的架構及道術操作步驟，就是在幫助吾人擁有好的溝通力。至於好的溝通能力能有什麼幫助？要知道溝通總是無所不在，不論在職場、生活或社交上，也無時不刻在發生。擁有好的溝通力最起碼能與萬物間相處能保持流暢，同時又能明白自己或他人真正所需，疏通卡住的生命議題，幫助自己和他人過著真正想要的生活（不是別人期待自己過的生活）。

因此，道家是個溝通高手，主要在兩種區塊進行溝通，一個是自己和自己溝通的能力，一個就是自己和他人溝通的能力（我以外）。而這個他人通常是重要關係人，因為重要關係人與自己關係緊密，相對比較容易有「相刃相靡」（〈齊物論〉）〔註3〕情形產生。你懂得和自己的成心溝通嗎？你懂得和身邊重要關係人的成心溝通嗎？筆者長年在第一線擔任護理人員推動健康促進及社會輔導過程中，發現懂得與成心溝通是很重要的一件事，它直接影響到一個人的心理能否健康清爽。心的議題一直是歷代學者所關注的焦點，近年「心理健康」的議題更是全球趨勢，世界衛生組織（World Health Organization）指出2020年，憂鬱症僅次於心血管疾病躍升成為人類的第二大疾病，此宣告說明憂鬱症除了成為現代人文明病之一以外，更是一種耗費個人及造成社會成本負擔性很高的疾病，目前治療憂鬱最常使用的方式就是藥物治療，但其副作用產生的不適感是病患中斷療程的最主要因素。〔註4〕因此心理議題值得重視，它也是筆者認為人生五個基本「有待」（〈齊物論〉）〔註5〕中的一待。其他外在的身體形軀、人際關係、生活環境及金錢趨捨等，都與「心」息息相關，藉由心的安頓，方能進而往外獲得生命的整全。

吾人可以看到歷來研究莊學的學者不太有心理學或醫學衛教基礎，過往研究心理學衛教的學者們，也不會去思考形而上必然的真，更不會探究道論，所以兩樣東西雖然同等重要，卻沒有相互融通。在許多醫療的行為治療面向，往往需透過藥物或手術的方式進行，但回到莊子淑世精神就要看，人是不是真

〔註3〕〔清〕郭慶藩注：《莊子集釋》（新北市：商周出版，2018年），頁53。

〔註4〕參考胡凱揚、莊睿宸：〈運動與憂鬱症〉，《大專體育》第112期（2011年02月），頁40～46。

〔註5〕待就是依賴，原文來自〈齊物論〉的一則寓言。罔兩問景曰：「曩子行，今子止，曩子坐，今子起，何其無特操與？」景曰：「吾有待而然者邪！吾所待又有待而然者邪！吾待蛇蚹、蜩翼邪！惡識所以然？惡識所以不然？」魍魎需要依賴影子而存在，影子需要依賴人而存在，雖是如此，但是否能讓自己在有待的情境中，也能保有無待的心，這是莊子所關注的。〔清〕郭慶藩注：《莊子集釋》（新北市：商周出版，2018年），頁88～89。

的需要這樣子的治療？難道他與世俗不相同，就一定是個錯嗎？或者用原來治療方式無效時，有沒有另外一種途徑至使得他能夠超拔，這就是人之所以身為人的主體性。傳統西方醫療衛教體系下對於人的心理看法是把人視為客體，可是回到心性工夫上人是主體，那個工夫只能自己做，光是這點區分上，就變成兩條不同的路徑，一個是要把生命主動權交給別人（自己之外的）？還是交回給自己？本文的焦點著重在，把個人的權利從客體拿回到主體本身，從藥物治療轉變成工夫修養，關注生命的通達，如何自己決定自做主宰，來去表態我的人生要變成怎樣，是由我所決定。因為西方世界沒有工夫論，所以既然沒有工夫論，就沒有擁有自己的主導權，而莊子重視的就是將生命安頓的主宰權，拿回到自己身上，因此如何做到至人無己的心靈超脫，就成了整個工夫論上最重要的部分。此章呼應本研究「用」的脈絡，將探究如何讓心使其虛而見真的實踐進路。以下勾勒兩個環節：其一「虛心見真之道的理論基礎」先探究道家面對成心帶給吾人的生命躁動，具體的因應之道為何？其二「虛心見真之道的具體實踐」透過一對一庖丁解牛案例分析，探究人們面對心的任何議題時，如何透過莊子淑世精神實踐模組的四大架構，獲得心的安頓，藉此呈現莊子淑世精神的具體實踐。

第一節　虛心見真之道的理論基礎

要學習老莊生命安頓的學問，首先要找出心為何持續躁動的原因，才有辦法對峙，而這原因大多是內在的，主體需透過往內探索才得以察明。莊子的生命智慧恰好可以讓人關注自己生命的主體性，用觀照的工夫洞察人對於自身造成的情緒及思維負擔。人必須要先經驗到自己身心的本質，才有機會進一步超越身心，莊子說：「墮肢體，黜聰明，離形去知，同於大通，此謂坐忘。」（〈大宗師〉）〔註6〕。而這個生命實踐的智慧，就是無己的進程，故「至人無己」（〈逍遙遊〉）〔註7〕。如何無己呢？在《莊子》內七篇人生攻略無疑點出，下手處就是打開吾人「知」的框架侷限做起，從〈逍遙遊〉證「無己」達「遊框」（在有待的人生中如何乘物遊心的境界）、從〈齊物論〉證「無己」達喪框（喪掉成心認知侷限）、從〈養生主〉證「無己」達「脫框」（跳脫感知的侷限）、

〔註6〕〔清〕郭慶藩注：《莊子集釋》（新北市：商周出版，2018年），頁202。
〔註7〕〔清〕郭慶藩注：《莊子集釋》（新北市：商周出版，2018年），頁27。

從〈人間世〉證「無己」達「設框」(設定挑戰場域及角色)、從〈德充符〉證「無己」達「破框」(突破世俗枷鎖回到身心合一)、從〈大宗師〉證「無己」達「定框」(找到自己生命定位)、從〈應帝王〉證「無己」達「無框」(由內在無框,達外顯立框,隨順機緣立定格局),最後回到〈逍遙遊〉的「遊框」(成就解鎖:逍遙無待)。不同篇章皆用無己工夫解消成心。有了人生攻略地圖後,實踐無己的第一步就是認識自己開始,從認識自己的成心,這個與我生命共處的另一個思考者開始。

如何虛心見真?第一步就是學會認識自己的成心,學會與腦袋喋喋不休的聲音共處。世人對於筆者過往在精神病院照顧過的妄想症病人,常抱以另類觀感,依本文認為其實我們和他們沒有本質上的差異,是量的比重,也就是嚴重度的不同而已。我們和他們最大的差別就在,他們把腦袋那個喋喋不休的想法說出並實際做出,而我們還沒有,就這樣。說真的,有誰真的敢將每天腦袋浮現的所有想法講出並做出嗎?相信若不斷講出及做出遲早也是一樣會被送進病院當室友的。那麼這個抓不住又誤以成真,住在腦袋一直喋喋不休的聲音究竟是什麼?就是住在身體裡的另一個思考者「成心」。至於要如何成心共處?需先明白成心是幻象,是過往生命經驗所形塑,對峙的方法至少有兩個,一個回到本來面目,延長自己與道心連結的時間,莊子兩個字形容叫「真君」(〈齊物論〉)〔註 8〕。另一個就是提升覺度與之共處,當覺察到成心又再度躁動時,就是平常心的觀看,訓練自己不隨之起舞。那麼如何面對成心?具體來說可分成「唯道集虛——調息入手」、「虛而待物——吾觀其復」二個環節,前者為平日藉由調息,涵養吾人道心,常保真靜;後者為成心躁動時,運用道家工夫解消妄心,不將不迎,觀其往復。

一、唯道集虛——調息入手

本文以為虛心見真的第一步就是調息工夫要落實。以下分成「調息工夫具體實踐」及「回到道心實際效益」做闡述。

(一)調息工夫具體實踐

調息工夫在一人獨處時及與萬物互動時關注的重點不同,具體實踐部分,透過「靜時觀其感受」、「動時順物而成」、「調息工夫次第」三者論述之。

〔註 8〕〔清〕郭慶藩注:《莊子集釋》(新北市:商周出版,2018 年),頁 53。

1. 靜時觀其感受

調息工夫的落實可透過觀其氣息從鼻孔出入，心火下降氣沉丹田，從注意力拉回當下練起，就能對峙虛妄的成心。因為過往有無意識形塑下的成心，會導致吾人陷入不斷虛幻思維的侷限中。因此，莊子提出「心齋」，透過「聽之以耳、聽之以心、聽之以氣」(〈人間世〉)〔註9〕讓心使其虛，解消內在緊抓的情緒或卡住的思維，藉由心的手術解消深藏在成心中的複雜編碼，回到「虛室生白」(〈人間世〉)〔註10〕。莊子說：「聽止於耳，心止於符。氣也者，虛而待物者也。唯道集虛。虛者，心齋也。」(〈人間世〉)〔註11〕當停止外在的感官知覺接收，心停止於製造無止盡的幻象，此時的氣就能和萬物相通，與道合一，也就是虛能與道相合，故虛能生道。而虛是對於有而發，有了身心的造作才需要虛的工夫解消，沒有人為造作時，就是守住虛靜即可，因此工夫即境界。在調息過程就讓一切回歸自然氣息，不刻意貪求大口的吸入，或者越吸越急促，甚至越吸越煩躁。當下調息就只是運用心齋次第工夫，讓心使其虛，直到沒有任何念頭及情緒反應，莊子說：「无門无毒，一宅而寓於不得已，則幾矣。」(〈人間世〉)〔註12〕此時身心大門整個敞開，通達無礙，將自己與天地融為一體，與造化同遊的境界，就能有助於自己跳脫成心枷鎖，回到天人合一的境界。當回到「天之徒」(〈大宗師〉)〔註13〕時，深藏在潛意識的95%成心編碼就容易浮上到5%的表意識層面，讓吾人有機會進行解消。最常見的就是調息過程，突然連結到什麼畫面，就可進一步調度過往事件開啟修復途徑；或者心裡突然湧上一種情緒，需要釋放，例如：憤怒、難過、焦躁等；或者身體知覺症狀反應，例如：眼淚湧出、右手不斷發抖、胸悶、全身僵硬、手部出現莫名瘀青等；或者想做一個動作，例如：揮拳、拍背等。總之，訊息若以各種身心不適的方式呈現，這時候不要閃躲，也不需要硬是制止，反而順勢正面迎擊看清楚成心的面貌，將能帶來轉化的契機。

中國哲學是生命的學問，所有的一切沒人能代替我走，縱然聖賢留下寶貴的攻略地圖，自己也都將地圖研究的透徹了，只要沒力行，這個實踐智慧依舊不是我的，所以道的架構中步驟四「內外辯證的實踐」重要性就在這裡。老子

〔註9〕〔清〕郭慶藩注：《莊子集釋》(新北市：商周出版，2018年)，頁112。
〔註10〕〔清〕郭慶藩注：《莊子集釋》(新北市：商周出版，2018年)，頁114。
〔註11〕〔清〕郭慶藩注：《莊子集釋》(新北市：商周出版，2018年)，頁112。
〔註12〕〔清〕郭慶藩注：《莊子集釋》(新北市：商周出版，2018年)，頁113。
〔註13〕〔清〕郭慶藩注：《莊子集釋》(新北市：商周出版，2018年)，頁170。

說：「合抱之木，生於毫末；九層之臺，起於累土；千里之行，始於足下。」（〈第六十四章〉）〔註14〕每一步也得自己去經驗累積，實踐後才能獲得最終逍遙無待的人生。換言之，若只停留在知識層面的理解，對於事實本身幫助不大，需透過自身經驗後產生的智慧，才能真正為我所得。而面對人世間如雷電般的泡影幻象，最直接的方法就是往內探索，從經驗主體的身心實相開始。從經驗自身的身體形軀發現，吾人不能主宰身體每天的變化，這個我不是我，所擁有的一切也不是我的。當開始面對生老病死的無常時，另一端「無己」的道心也就被喚醒了。由自身外推到物質世界也是如此，每天面對「事之變命之行」（〈德充符〉）〔註15〕這些人事物的進展也不是我所能主宰，這些表象也並非真相，當無所執取順其自然時，痛苦也隨之消失，回到快意灑落。

那麼調息過程要從哪裡開始觀呢？就是從感受入手，感受是遍佈全身的，透過按照順序移動觀看全身，能培養感受全身的能力，若在某一個地方覺察不到感受，只需將意念集中於此處，就能產生感受。若心還不夠靈敏無法立即感受也沒關係，無須起煩躁之心，只要繼續往下一個部位移動。持之以恆的練習，終究會因為心越來越敏銳，而感受到表層和深層間的細微變化。或者平常試著感受身體部位接觸的衣服、腳底接觸鞋子或自己坐在椅子上的重量，運用體感增加覺察的感受機會也行。在感受身體的過程，接受任何自然升起的變化，不要抗拒也不要貪戀，當不再挑選感受，超越二元對立的兩極之上時，就在涵養自己的道心了。道心能有助於吾人看待世間萬物，開始用平等心、至真至善至美的心觀看萬象，每一件事都只是造化使然，生生不息，包含生死。若萬物在走向必然毀壞的時間軸中，就沒有什麼事情是長存的。快樂痛苦都在幻象中，當下或許覺得不一樣，然而時間線只要一拉長都在一體之下。當明白週期會來來去去，生命將不會因為獲得又擔心失去的恐懼，一切就能隨順自在。換言之，內在對於外在情境的依賴感消失後，就不會執著外境的人事物要以什麼特定的形式存在，當從外在的依賴解脫，伴隨而來就是內在深層的平靜。以前筆者喜好分明，透過練習會逐漸感受到自己的轉變，面對過去自己認為不可愛的人（自己成心使然與我不同之人），也不會像以前直接避開或心生厭惡。在此刻遇到就順其自然，逐漸能體悟時莊子的「不將不迎」（〈應帝王〉）〔註16〕。

〔註14〕〔魏〕王弼注：《老子道德經注》，收入於樓宇烈校釋：《王弼集校釋》（臺北：華正書局，1992年），頁165。

〔註15〕〔清〕郭慶藩注：《莊子集釋》（新北市：商周出版，2018年），頁155。

〔註16〕〔清〕郭慶藩注：《莊子集釋》（新北市：商周出版，2018年），頁219。

2. 動時順物而成

然而，守中時可以純然的觀，但該應事應物時總不能一直不言不行，還是要有所作為時該怎麼辦？就因物順物隨物，跳脫二元對立的概念，不站哪邊讓物自己去說，順物而成，過程掌握通達就好（兩不相傷，彼此自在）。老子說：「道生一，一生二，二生三」（〈四十二章〉）〔註17〕，生字是開展之義，而開通可能是可見和不可見，也可能是陰和陽。其實每一段的相遇都是如同鏡子般照見自己，因為受思維框架影響，我無法成為自己知見想不到的人或事。換言之，我在每一個情境下的某個說法或某個感受其實都是我，不論正義或邪惡，不論光明或黑暗，不可能要 A 不要 B。因此看到可見的 A 時，就要同時想到自己那個不可見的 B，有時候看見了那個 A 並不是代表自己一定就是 A，而是看到 A 後能夠幫助自己更清晰當下的選擇，也就是從非我中看見我。因此，整個洞察用觀的狀態，去觀的工夫感受萬物的發展，回到道體去涵納。

當由惑轉明，面對外境皆能以道心觀察，感受上來就告訴自己這是會消失的，透過「心齋」（〈人間世〉）〔註18〕工夫解消，對無常的感受不再念念相續，如此就終止無止盡的循環。只要運用「虛室生白，吉祥止止」（〈人間世〉）〔註19〕的感受，身心的淨化就開始了，當能切掉循環，過往的感受就會逐漸浮上心的表層，引發身體過去凍結的感受，依筆者經驗一次會比一次深層。人最怕的就是不知道自己無形中被設定什麼編碼，知道了就有機會帶來清理轉化（也就是知道自己站在哪裡後，就能知道要去哪裡）。一次面對「校園與權威人士」的關係議題，畫面事件調度上來後，我的臉部就開始連冒好幾天的痘痘，我知道是身體在幫我代謝過往淤積毒素的現象（醫護就叫好轉反應），同時身體一直散發的熱氣，應該就是當時內在壓抑對於這類表裡不一的人憤怒，於是我連續幾天晚上工作完去慢跑，透過流汗將毒素排毒代謝掉，身體就恢復清爽了。因此，當過去事件若浮出心的表層時，無需憂慮，繼續保持道心，就讓平常心承載，運用「莊子淑世精神的實踐模組」進行清理後，再度回到當下。隨著落實道家的「修行」（〈大宗師〉）〔註20〕工夫，會發現新生的造作難以延續，過去的造作也會自然鬆解，持之以恆，就會越來越獲得心的逍遙解放，快意灑落。

〔註17〕〔魏〕王弼注：《老子道德經注》，收入於樓宇烈校釋：《王弼集校釋》（臺北：華正書局，1992 年），頁 117。

〔註18〕〔清〕郭慶藩注：《莊子集釋》（新北市：商周出版，2018 年），頁 112。

〔註19〕〔清〕郭慶藩注：《莊子集釋》（新北市：商周出版，2018 年），頁 114。

〔註20〕〔清〕郭慶藩注：《莊子集釋》（新北市：商周出版，2018 年），頁 191。

值得一提，用莊子「心齋」(〈人間世〉)〔註21〕、「吾喪我」(〈齊物論〉)〔註22〕的工夫，不是真的成為槁木死灰般，反而是由過往外境觸動被動起的感受反應，轉成主動保持覺知，以道心面對外境的和諧反應，這樣的心是平靜從容的。莊子為何重點放在談論心？因為心的變化比身更是無常，當表意識覺察到時，有可能早已強化不知幾萬次，強烈到自己無法作主，被成心牽著走。最常聽到個案講的就是：「我知道但就是做不到」、「我就是控制不了我自己」、「我沒辦法」等。因此確認身心的感受是關鍵，感受是外在現象與內在反應間的重要的指標，對於身體的知覺，就可以問自己：「我現在想做什麼動作？」「我現在身體感覺如何？」有時心的作用發生太快無法察覺，就可以從感受誘發的情緒開始覺察，也就是問自己：「我現在心情感覺如何？」藉此反思過去生命歷程，很多時候吾人並沒有全然活在當下，甚至企圖掌握一切，那也是一種潛在的傲慢(對於造化力量無敬畏之心)，或者自卑(認為自己不值得)。對於超脫世間之枷鎖，從有待走向無待，就要找到屬於自己的解套之道。筆者認為倘若是要符合普遍世人皆能接受的解脫之道，那就要是一個放諸四海皆準的作法，而不是依照某個人或某個教條，若用某個佛號或觀想也是落入宗教之別，易有門戶之見的成心立場。因此，老莊用調息來談論如何維持活在當下，筆者認為是很適合的。因為呼吸人人皆有，每個人都需要口鼻之氣，一呼一吸的氣息，正是有和無之間的橋樑。以醫護視角而言，呼吸是隨意肌和不隨肌同時運作的所在，不論是有意識的刻意大口呼吸，或者無意識的自然呼吸，都能感受當中身心的隱微變化。

3. 調息工夫次第

本文以為調息是將心收攝回到當下最直接的方式，且是每一個人都可以做到的。如何入手？一開始先有意識讓呼吸從粗淺轉到細微輕柔，過程覺察呼吸的溫度及身體的感受(痠、痛、脹、麻、癢)。若平常調息做的好，當氣沉丹田只需調息幾下後，就可以感受到丹田處明顯產生熱能。莊子說：「耳目內通而外於心知。」(〈人間世〉)〔註23〕調息過程，如同打掃屋宅般，將垃圾灰塵集中一處，再一併清空，也就是當注意力從外界拉回向內，收視返聽耳目通達於內時，就會注意到身心此起彼落的感受。面對不同部位升起的感受無法選

〔註21〕〔清〕郭慶藩注：《莊子集釋》(新北市：商周出版，2018年)，頁112。
〔註22〕〔清〕郭慶藩注：《莊子集釋》(新北市：商周出版，2018年)，頁46。
〔註23〕〔清〕郭慶藩注：《莊子集釋》(新北市：商周出版，2018年)，頁114。

擇，也無須選擇，只需保持覺察，過程就是訓練心不起寵辱反應（貪愛或瞋恨）。同時面對心的紛飛，不論一直回憶過往某事或是計畫未來皆運用「心齋」（〈人間世〉）〔註24〕的「聽之以耳、聽之以心、聽之以氣」三個次第使其虛。

莊子在〈齊物論〉詮釋「形固可使如槁木，而心固可使如死灰乎？」〔註25〕當中死灰的虛靜並不是什麼都不做，而是透過「虛」的工夫，使得躁動得以被解消，讓心恢復清明，變成體證的道心，故「唯道集虛，虛者，心齋也。」（〈人間世〉）〔註26〕。換言之，透過虛靜養其神，就能進而體證道心，當心神相依時，吾人明的慧見將如同水澄清般自然顯現。慧光一直顯現，寂然不動，感而遂通，應事應物自然得宜，吾人的心方能常保清靜之態。相反的，水為何無法澄清？是因為妄念一直在攪動，吾人的心被欲求所支配，老子云：「孰能濁以靜之徐清？」（〈第十五章〉）〔註27〕心智在高速旋轉後，要慢慢回到寧靜，需要時間。然而，吾人應事應物還是需要心知的思慮協助，因此也不能一直強迫自己止於寂靜，這叫死寂。老子云：「孰能安與久動之於生」（〈第十五章〉）〔註28〕，就是提醒吾人執著於靜也是一種妄心，故要再把這個嚮往寂靜的心也虛掉。無執才能無住，無所住方能恢復自然無為的狀態，不刻意去展現，只是安時處順。當能順乎自然時就能清靜，因為無欲求的心會產生一種內在真正的平靜。在真靜的狀態下，欲望不生自然不必滅，持之以恆日日耕耘，逐漸調和成一種清閒從容的生命狀態，故老子云：「清靜能天下正」（〈第四十五章〉）〔註29〕「心靜神清」可以是吾人生命狀態的遵循指標。

至於調息的工夫次第如何進行？首先必先讓自己的心保持至誠存一，呼吸調至細、綿、柔，息息歸根接近胎息狀態。念頭隨著一呼一吸逐漸淨化清理，最終達到無念，此時無念就無需再觀，身體放鬆心理放空就能逐漸體會，與太虛同體的天人合一境界。然只要一動念頭就繼續觀，觀到無念後同上的步驟，如此日積月累，無念狀態停留的時間越多，心越能保持清靜，終不間斷，久久

〔註24〕〔清〕郭慶藩注：《莊子集釋》（新北市：商周出版，2018年），頁112。

〔註25〕〔清〕郭慶藩注：《莊子集釋》（新北市：商周出版，2018年），頁45。

〔註26〕〔清〕郭慶藩注：《莊子集釋》（新北市：商周出版，2018年），頁112。

〔註27〕〔魏〕王弼注：《老子道德經注》，收入於樓宇烈校釋：《王弼集校釋》（臺北：華正書局，1992年），頁33。

〔註28〕〔魏〕王弼注：《老子道德經注》，收入於樓宇烈校釋：《王弼集校釋》（臺北：華正書局，1992年），頁33。

〔註29〕〔魏〕王弼注：《老子道德經注》，收入於樓宇烈校釋：《王弼集校釋》（臺北：華正書局，1992年），頁122。

功純。此外，吾人達此靜時，最後要連寂靜的狀態也要放掉，一直貪戀境界也是一種執。執空執象都不是究竟，這都是要下真功夫，才能體會當中的真實意。《清靜經》曰：「真常應物，真常得性，常應常靜，常清靜矣。」〔註30〕守住真靜之心即守住「真常之心」，一方面對外能應照萬物，莊子云：「至人之用心若鏡，不將不迎，應而不藏，故能勝物而不傷。」（〈應帝王〉）〔註31〕關於莊子提出的境界，陳德和先生認為：「至人之所以為至人，是能窮盡理體之極致而化為無見無得、不將不迎的虛靈道心，並以此道心之虛之靈因任隨順應於天下，使物我皆宜、兩不相傷。」〔註32〕照應過程如同明鏡般應緣顯像，如實呈現，不多餘添加。一方面對內能彰顯本性，以真常之性應物，應完立即回到清靜，持而行之，自然萬物和我得以保持暢達，心則常保清靜。值得一提，莊子為何強調「應而不藏」，因修行本就是在生活中體會，不是自己關起門來用功，吾人所學一切皆應回歸生活做驗證。沒有人間世的碰撞，如何檢驗自身有無提升，故無需恐懼人事之理，所有的路不會白走，透過種種歷練涵養吾人的道心，解消吾人的妄心，不斷內外並行的實踐，方能常保真靜。

（二）回到道心實際效益

至於清靜道心的效益為何？擁有道心能感通萬物，呼應「寂然不動，感而遂通」（《易經》）〔註33〕。以下分為「莫若以明的生命慧見」及「見小曰明的工夫次第」闡述之。

1. 莫若以明的生命慧見

常保清靜的智慧能幫助吾人明辨是非，事來則應，應的恰到好處，事去則靜，靜的了無罣礙。同時清靜能幫助吾人自然無為應事，依場合該靜時能靜，舉止合宜，該動時又能動，帶動氛圍使其流暢；不會該靜時，動個不停，驚擾萬物，該動時又漠視孤僻，氣氛尷尬。能做到靈活應對，是因為時時心神相依，安魂定魄，常往內觀看自己在不在，也就是常回歸本性，讓「真宰」（〈齊物論〉）〔註34〕

〔註30〕《太上老君說常清靜妙經》，收入於《正統道藏．洞神部．文本類．傷字號》第十九冊（臺北：新文豐出版股份有限公司，1993年），510頁上。

〔註31〕〔清〕郭慶藩注：《莊子集釋》（新北市：商周出版，2018年），頁219。

〔註32〕陳德和：〈論莊子哲學的道心理境〉，《鵝湖學誌》第20期（2000年6月），頁47。

〔註33〕〔宋〕朱熹：《周易本義》，收入朱傑人、顏佑之、劉永翔編：《朱子全書》第1冊（上海：上海古籍出版社，2002年），頁22。

〔註34〕〔清〕郭慶藩注：《莊子集釋》（新北市：商周出版，2018年），頁53。

當家做主，自然無為靈活應事。調息的工夫，目的不同方式也有所差異，若是涵養觀其寵辱的道心，不限場域時間動靜皆可涵養。與人言談聆聽過程也可同時調息，話一出口或講話中間的間隔，覺知就可拉回調息，因此行住坐臥皆可調息，簡單講就是「記得呼吸」。若是要藉用調息方法築基，將精氣回收，那麼就需要找個安靜的環境，進行遣慾澄心神清的次第，至於調息靜心的火侯拿捏，純屬個人體悟，每個人有所不同，因此不在本文論述範疇。上述有關清靜的好處及精要請參考拙作〈論《清靜經》要旨——以濟公活佛降筆乩詩為例〉〔註35〕道教類經典闡述。

當已透過齋戒的工夫幫助自己戒除不當的言語及行為，初步做到不傷人，但自己仍是持續被心中的紛擾所困，呈現耗能又無法調息狀態，該如何？要知道倘若只是壓抑，卻不能根除心中積累盤根錯節的妄心造作，終究無法回到清靜，因為過往生命經驗的所見所聞已經輸入成心，影響吾人判斷的準則。這時候就需要有「莫若以明」(〈齊物論〉)〔註36〕的慧見，才能再次疏通內在卡住的狀態，使心不被煩惱所綑綁，回到清靜。有個63歲的女個案從先生公司管理財務一職退休，心情仍是覺得煩躁，原因是覺得退休後事情為何還是很雜，例如：繼續幫先生管理慈善社團的財務、飯還要煮、忙家務、顧孫子等。認為沒時間做自己想做的事（做志工、靜心、運動、看書），往往忙完就晚上十一點多了。筆者確認個案意願後，給予價值觀排列，依序為：自己、先生、家庭、志工媽媽、孫子、住在一起的媳婦、憂鬱症的姊姊。然而筆者觀察個案呈現的

〔註35〕此篇旨在探究《清靜經》如何透過乩詩的輔助而被民間百姓理解並所實踐。在研究步驟上，分成《清靜經》之本體論、人性論、工夫論、境界論四節，將經文與乩詩互通之。當中論述此經承襲了道家「道」生「物」，「無」生「有」的本體論；主張由「遣欲」、「澄心」自然「神清」述說人性論；在「觀心」、「觀形」、「觀物」遣三空的工夫後，「真常之性」自現，並強調悟空後勿執空，用真常之性應事應物，方得清靜之道。最後說明境界論上，「得道」及「失道」的路徑，得道、漸道、入道後不能只有獨善其身，要進而傳道兼善天下；失道是因妄心先起導致驚神、著物、貪求、煩惱，最後憂苦身心，流浪生死的因果關聯。故非「真」即「妄」，要藉由常觀照，才能隨時調整從「妄」回到「真」的速度，進而常保清靜。結論得出透過民間百姓能接受聽懂，並傳唱度高的乩詩作為經文輔具，將能把廟堂上的學問深入民間中，同時將民間實際現象反映於廟堂之上，讓學界和民間有彼此瞭解互通互有的可能性。黃薏如：〈論《清靜經》要旨以濟公活佛降筆乩詩為例〉，《揭諦（南華大學哲學學報）》第38期（2020年5月），頁93～133。

〔註36〕〔清〕郭慶藩注：《莊子集釋》（新北市：商周出版，2018年），頁57。

狀態，心裡排序是想要將自己放在前面，但行為上卻總是忙完所有事才想到自己，失去平衡才覺得煩躁。加上有一個「我已經為了這個家和先生的公司努力大半輩子了，現在退休了為什麼還是每天很忙無法做自己」的想法，念念相續的思維，強化了感受，因此越做越煩躁。透過提問釐清個案認為「想做自己的事」這個定義，包含自己（運動、看書、寫日誌和靜心）、家庭（煮自己喜歡吃的菜和有個乾淨的家）和志工（去當學校志工媽媽時，為人服務）。

上述個案目標是想做自己，談話過程皆不斷表明自己熱愛做志工，因此筆者順勢透過兩個提問，進行成心編碼的鬆動，其一「幫先生社團的公益是否也是做志工的一種？」其二「若將自己設定一間公司，要讓公司得以營運生存，有哪些大客戶一定要服務？」藉由提問讓個案明白前半生為先生事業奔波，後半生縱然想為自己好，然而讓自己得以在財務上無憂，安心做自己的前提，就是需將必要的重要關係人服務好，例如：服務先生這個大客戶。因個案是做生意的，用個案熟悉的語言路徑切入，個案立即能懂並笑出。以服務好金主（大客戶）的心態，將家務整理、飯菜煮好迎接大客戶（先生）回來，讓大客戶想持續光顧。同時幫助先生社團財務（一定要做，因為是服務大客戶，又可同時實現自己當志工的志願）及關心憂鬱症的姐姐（有多餘時間才做，因為價值觀排序在後面，執行時也可以實現自己當志工）也都是做公益，再再讓個案實現志工的身分。過程與個案討論責任歸屬，透過提問個案決定將孫子的部分回歸給媳婦，並與媳婦協調進行家務的分工，同時維持好的關係，往後忙不過來時，媳婦就是她這間公司的最大協助的資源。

最後陪著個案帶著歡喜心重新擬定計畫表，○○有限公司開張，現在自己是創業老闆了。首要之事就是先將先生這個大客戶服務好，其餘先生的社團、家務整理、志工媽媽、關心姐姐都是做公益，要開心做因為都是體現自己想當志工的價值，將自己公司底下公益部門有所發揮。透過提問讓個案明白每天煮飯煮的是自己喜歡吃的菜，又可以決定自己想要的菜單，讓房子看起來乾淨清爽自己看了心情好，都是自己想要的生活。已經都在做自己，過著自己想要的生活，不是在為別人，其他人只是沾光，個案笑出頻頻點頭。最後在每天行事曆上多了午休、下午和孫子運動（含飴弄孫）、睡前看書、寫日記及靜心，擬定計畫完個案笑得合不攏嘴，忍不住表示想立即回去執行她的人生有限公司計畫及行事曆。上述就是「明」的慧見重要性，清明的慧見能方能應萬物，幫助周遭的人疏導內在衝突，回到生命的流暢。

2. 見小曰明的工夫次第

老子說：「見小曰明。」(〈五十二章〉)〔註 37〕這裡的「小」是隱微之意，見微知著的慧見要如何開發？筆者認為也是有次第的，一開始透過智者述說經文或自己閱讀而聞道，開啟指引方向的智慧，然而這只是開始，所獲得的智慧是他人的體證並還未能為我所得。接下來要將聞道的智慧進行思辨反芻，將內化後的道理，透過親身力行實踐，才會變成自己的智慧。以筆者所處的醫療環境而言，病患若只是就診完拿了藥單，領了藥回去，就將藥物擺著不吃，單求心安是無效的，還是要按時服用，才會有效用出來。因此，智慧是透過自我提問、自我經驗來的，不可能讓別人幫吾人產生經驗。一定是自己實際去走過感受後而得，當然在感受的過程，不一定是舒服的，如同往傷口處進行手術劃開清瘡縫合般。慧見是為了讓自己遇到困境或卡卡時，湧生出一種破繭而出的力量。而破繭過程絕大部分需要用力掙扎，甚至需要打破自己認為不可能的一切，以昆蟲或小雞而言，太擠了或感受到空間壓迫就會想破蛋，這就是生存的本能。

每個人都有生存的本能，一個人會想尋求改變，多數是因為不知道應該如何面對，但他明白這個空間(處境的壓力點)已讓他快活不下去，就需要突破，最常聽到個案講的話就是：「我受不了了！」當然帶著覺度生活的人，不會讓自己走到一定要改變了，才被迫改變，例如：不會走到在醫院多條管子插在身上時，才覺得健康很重要。會更早的看到這件事，提前進行養生的落實、身體的保養等。然而，大多數的人都知道，但是會說做不到，絕大數是覺得還有時間，最常講的就是：「等我以後怎樣，再來怎樣。」其實此時此刻就要去做，開始將自己認為重要的事列出，並逐一執行它，而不是等到流失時才去做，這些也都是要透過自己的覺察才有辦法喚醒自己。而這當中一個很關鍵的態度就是意願，自己有被喚醒的意願嗎？吾人是無法叫醒一個裝睡的人。當面對生命議題（基本五待：生理、心理、關係、環境、金錢）時，可以問自己：我現在是裝睡？還是真睡？若不是裝睡，一定可以被外在世界對吾人的漣漪喚醒，可以從事件發生得到領悟。

筆者從專科到二技的七年的醫護養成過程，當中一路接受營養學、解剖學、生理學、病理學、基礎護理、內外科護理、精神護理、重症護理、公共衛

〔註 37〕〔魏〕王弼注：《老子道德經注》，收入於樓宇烈校釋：《王弼集校釋》(臺北：華正書局，1992 年)，頁 139。

生等專業訓練，真正的成長也是實際到臨床，照顧到真實病患才開始累積經驗。因為實際去操作、跟診、跟刀、照顧病患的護理經驗，才是專業堆疊的起步，這就是「學而時習」〔註38〕的重要性。不只學了一門專業知識，更要有場域不斷的複習，反芻所學，才有機會真正讓這份專業為我所得。參悟經典也是，許多人能夠引經據典，只能證明有讀書，不能證明面對社會的實力。或許社會的真相很傷人，有些人受傷後就對人性感到畏懼，其實我以前也是。然而，這些只能證明曾經受傷，並還坐在地上沒站起來，也可以說還不理解人性，更進一步說是其實是還不夠認識自己。不明瞭自己的能與不能，不明瞭自己能承受的風險及傷痛有多大？不清楚自己的底線。事情有徵兆時忽視它，事情浮現時沒有設停損，最後受傷，就下了一個「人性很可怕」的成心編碼。不用懷疑，多數人選擇這樣的思維活法，這種不用負任何責任的結論當然比較輕鬆，因為都是別人害的，問題都在別人身上，透過怪罪他人，證明自己現在站不起來是正常的，自己的恐懼和無能為力都是合理的，其實說穿了那都只是自我救贖的慰藉罷了。而道家是生命的勇者，每一句的提問都是往內最深層的追問，當明白誰真正該為這件事負責時，才是真正認識自己的開始。當願意為自己生命負起百分百責任時，會明白是過去自己的無知和恐懼傷害了自己，洞察並接受自己所站的位置，就能為堵塞的生命議題帶來轉化的可能性。因此，目標到底是「持續證明自己站不起來是正常的」？還是要「逍遙無待」？每個人各有其選擇，通達就好。

〔註38〕出自《論語・學而篇》，子曰：「學而時習之，不亦說乎？有朋自遠方來，不亦樂乎？人不知而不慍，不亦君子乎？」「習」字在《說文解字》一書的原意為：「鳥數飛也。」意指鳥在飛的過程反覆拍打翅膀的模樣，本身含有反覆，後來衍伸為學習之意。黃忠天先生也表示實踐之道應當從尋常處下手。楊小燕先生呼應此看法，認為：「透過在日常生活中力行實踐，扣回自身而有所收穫後，自然心生喜悅。這過程若能又遇上志同道合的人，從遠方來拜訪，當中教學相長，一同論學，更是感到快樂。當中『悅』是由內而發的展現的喜悅，『樂』是由外而內引發共鳴的快樂。」換言之學和習是一個不斷精進自身的活學問，學習是為了自己，不是他人，將能把所學扣回生命不斷反芻印證，是最令人獲得內在喜悅與外在快樂之所在，四個字形容就叫「快意暢達」，一個字就是「道」。〔漢〕許慎撰、〔清〕丁福保編纂：《說文解字詁林》（臺北：商務印書館，1928年），頁1487；詳情參考黃忠天：《中庸釋疑》（臺北：萬卷樓圖書股份有限公司，2015年），頁109；楊小燕：《從儒道經典中的人格典範論個人形象管理之應用》（高雄：國立高雄師範大學經學所碩士論文，2019年），頁38。

二、虛而待物——吾觀其復

心的超拔第一步就是了解自己不是成心，當能開始觀察成心的變化時，就無形中啟動了更高的意識層次，也就是道心。莊子說：「知天之所為，知人之所為者，至矣。」（〈大宗師〉）〔註39〕生命就是要學會和自己體內這個思考者相處，讓道心與成心達到兩者之間的平衡。那麼要如何觀呢？以下分成「觀而不作順物自然」和「觀其造化與道同游」做闡述。

（一）觀而不作順物自然

面對成心躁動時，又該如何觀其變化？以下分成「觀而不作」及「順物自然」闡述之。

1. 觀而不作

王夫之說：「何以明其然也？萬物並作，而芸芸者，勢盡而反其所自來也。」〔註40〕「勢」字是力量之意，「自來」是本來來自的地方，意思是我怎麼知道不邀不執，可以達到事物最真實的面向呢？從哪裡來看？就從萬物並作，例如：颳風、下雨、打雷的不同樣貌。所有的萬物都一樣，力量到達極致時，就會回歸它本來來自的地方。如同手伸的太直久了就會收回來，蹲太久就會想站起來，所有各式各樣的動作，只要是生成的東西，它的虛實都是一樣的，就看有沒有刻意的力量要去介入其間，讓自然變得不自然。例如：面對過動的孩子也是，一直要他待在書桌前，不如讓他釋放完身體過多的激動能量，再回到學習上專注力往往就能提升。小孩不會一直想待在家，出去玩在興頭時，大人硬拉就叫做執邀取執，小孩玩累了其實自己就會想要回家。吾人往往有太多的揠苗助長，就是刻意妄為，這裡傳達了一個很重要的精神，就是從容的精神，老子在王夫之的手上將從容發揮到非常高的端倪。倘若小至事物發生到終成，大至出生邁向死亡的人生或者宇宙的生滅，都在這個「勢盡而反其所自來」的規律下運行，老子說：「反者道之動」（〈四十章〉）〔註41〕。

那麼以王夫之而言，從開始到終成就是一連串的陽陰，到底還有什麼好爭、好計較的呢？成與不成又是誰定義的呢？不論是美好或心痛的結局，它都

〔註39〕〔清〕郭慶藩注：《莊子集釋》（新北市：商周出版，2018年），頁163。
〔註40〕〔清〕王夫之：《老子衍》收入於熊鐵基、陳紅星主編《老子集成》第8卷（北京市：宗教文化，2011年），頁568。
〔註41〕〔魏〕王弼注：《老子道德經注》，收入於樓宇烈校釋：《王弼集校釋》（臺北：華正書局，1992年），頁109。

是一種「終成」。若明白事情終究會成（終就會成），只要順著生命之流，去觀、去體驗、去享受不就好了，何須抵抗？人會恐懼往往是不知道底線，這樣下去會如何。若真的能體會生命的最終底線不就是死亡，在人生這場遊戲上，到底還有什麼不敢去面對，不敢選擇的呢？拿掉內在的恐懼，拿掉阻止我向前行的拉力，拿掉這個世界賦予我太多的框架。我的心靈本就是自在暢達的，我可以過著自己真正想要的人生，不只是我，每一個人的生命都值得通達。生成若是宇宙運行的法則，面對萬物的生成，也終究會成，那麼我也無須刻意介入其間，對於事物發展形勢，只需坐而「觀」之，如同電影《侏儸紀》說的經典旁白「生命會自己找出口」。悟至此，突然覺得自己的眼界拉長好多，不會侷限在短視，一定非得要如何介入他人及自己的生命。

王夫之云：「是故鄧林之葉，可無籥而數；千里之雨，可無器而量。猶舍是而有作，其不謂之妄乎？」〔註42〕「鄧林」是夸父，「籥」字指古時候量度量衡的器具。意思是夸父死後手杖丟在地上，長出一大片林子。林子無限多，沒有量器也可以數它，很簡單，因為都算成葉子就好。千里之雨，沒有量器怎麼量？很容易，只要它下雨就好。換言之，加入有為才會數葉子，例如：睡不著、沒事找事。因此，萬物的發展不要加入自己格外想要的觀察，並且企圖在裡面獲得計算後的結果，老子說：「俗人察察。」(〈第二十章〉)〔註43〕。反之，下雨就下雨，只要觀其復就好，重點在那個觀，是無形之觀，是自然，不是有形的觀。如果是有形之觀，就是觀察，就是對舉，就是科學。「舍是」引申自然態度，「有作」引申科學態度，意思是好像捨此而妄作，這也是一種虛妄。換言之，鄧林之葉自己會掉下來不需要數它，千里之雨自己會落下來不需要量它，因為不需要，所以不管是盒或器都不重要，因為葉和雨只需要觀就好。可是當不採取自然復觀的態度，卻想要用觀察科學的人為方式，這就是一種虛妄。這裡的有作，不見得只是觀察，可以用各式各樣離開自然去說。

2. 順物自然

王夫之說：「故無所有事，而觀天下為我所用，其道不用作而用觀。」〔註44〕

〔註42〕〔清〕王夫之：《老子衍》收入於熊鐵基、陳紅星主編《老子集成》第8卷（北京市：宗教文化，2011年），頁568。

〔註43〕〔魏〕王弼注：《老子道德經注》，收入於樓宇烈校釋：《王弼集校釋》(臺北：華正書局，1992年），頁46。

〔註44〕〔清〕王夫之：《老子衍》收入於熊鐵基、陳紅星主編《老子集成》第8卷（北京市：宗教文化，2011年），頁568。

「無所有」指的是無所有為，「用」字不是利用，可解做共處更為恰當。意思是不要去特別想做什麼，我只是與天下共處而已。當下雨就可以觀它，不用刻意妄為，因為一切事物已經自然的排好某種順序。現今校園的國高中生涯規劃都教導一個人的生涯應該往怎樣的路發展，把人生直接依性向及興趣測驗進行分類，直接導向某個地方。可是王夫之的觀點，更專注在生命如何發展，他認為有很大的部分是自己和這個世界的相互協調，若還不知道，就順其自然，等那個時間點到，該作什麼，就看那個時間點發展怎樣，自然就會理出一條路出來。可是當家長太強求小孩八歲開始學音樂，九歲學跆拳，十歲學畫畫等，這類培養諸多技能的馬戲團式教育，就有可能帶來生命的堵塞。有個家長個案告訴我之前很以孩子為榮，因為還沒上幼稚園，在美語班及家裡的虎媽式教育下，孩子會背很多英文單字。每次客人來她就會叫孩子來到面前，開始指著東西讓孩子念出英文單子，例如：當家長說蘋果叫～孩子立即回答：「A、P、P、L、E，Apple」。當家長說桌子叫～孩子立即叫：「T、A、B、L、E，Table」。然後孩子就得到客人很多掌聲，個案此時就會覺得學齡前的砸金教育是值得的。

一次孩子半夜生病掛急診，醫生看診詢問孩子過程，小孩都沒有任何的表情及動作，個案一怒之下覺得平常教過基本問候，以及對答的禮貌，怎麼都忘記了，至少也要跟醫生問好，於是瞪著孩子，緩緩說：「看到醫生要說什麼～」孩子驚恐的看著媽媽，語氣顫抖的緩緩說出：「D、O、C、T、O、R，Doctor……」醫生聽完笑出，跟個案說：「沒關係看個診，小孩生病不想講話很正常，不用練習英文單字啦～」個案才驚覺原來自己的教育方式太過有為了。其實學知識或才藝都是可以讓人生更好，然而原來學是為了能幫助自己獲得更好的人生，結果最後卻為了實現這些目標，而放棄人生最重要的目的是要「通達」，那就需要調整。因此，能不能回歸到我不緊張也不強求，單純回到自然的動態情況底下跟生命相處，所以沒有下雨，我不需要去讓它想辦法下雨。刻意把一個不應是這樣或者還不是這樣的東西有為塑造。莊子認為：「順物自然，而無容私焉。」（〈應帝王〉）〔註45〕讓東西長成它自己所是的樣子，長成什麼東西來自於它的機緣。人會過多的進行生涯規劃，很多來自於人類的傲慢，吾人認為所有的機緣都可以被忽略通通都由我來決定，可是實際上不然，在老天面前人力是很微弱的，不然怎麼會常講人算不如天算。

〔註45〕〔清〕郭慶藩注：《莊子集釋》（新北市：商周出版，2018年），頁210。

王夫之說：「觀，目也。觀而不作，目亦腹矣。」〔註46〕如果只把眼睛當成視覺的官感，所有看到的東西就都想要接收。可是若當它不只是視覺的觀，所有看到的東西，就變成充實生命的一環，那就是天地有大美而不言。下大雨時，科學家會觀測雨滴，這時候的雨滴不是賦予生命意義，而是知識意義。可是如果有一天可以突然發覺這不是我的工作，我不要那麼辛苦，就看雨就好，那麼就會看出雨中之美，生命就會帶來愉悅。當那個美能夠呈現時，生命就愉悅了，生命不愉悅時，那個美對我而言，就是很煩心的。所以把視覺化成為一種生命的授記，用「徐」、「游」的從容狀態，靜觀這世間萬物，就能活出美感的人生。筆者生命經驗而言，好像在忙碌過程也會有這種突然覺醒的狀態出現，如何讓這個覺不是短暫，而是長久持續的覺。筆者認為能做到如此，就是持續帶著涵養「觀」的工夫面對生命的變化。同時充分了解自己此生的定位，知自己的能與不能，並對這世界有極大的信任感。相信生命能找到自己的安頓之道，故先把自己的心管好，不要老是介入太多，揠苗助長的事，相信一切事物早就自然的排好某種順序，只需靜靜觀看這個世界，靜靜觀萬物每個歷程的發展。每個階段都是一種美，都在訴說生命的印記。

（二）觀其造化與道同游

在觀的過程，如何對於生命週期的起伏全然接納？如何透過知常開啟明的通透慧見？以及如何涵養與道同游的生命境界？以下分成「觀其脫然」、「觀其反復」及「觀其造化」闡述之。

1. 觀其脫然

王夫之說：「眾動之極，靜原自復；不邀不執，乃極乃篤。」〔註47〕「極」字是極致之意，「篤」字是真實之意，「靜原自復」跟自然一樣，指的是一切動作走到最極致時，就自然回歸到靜，所以靜不需要特別去強調。這裡的動和靜不是批評，批評的是邀動執靜的邀字和執字的動作。換言之，事物最極致的狀況也就是它最真實的狀況，也可以叫自然、本然、「廢然」〔註48〕或

〔註46〕〔清〕王夫之：《老子衍》收入於熊鐵基、陳紅星主編《老子集成》第8卷（北京市：宗教文化，2011年），頁568。

〔註47〕〔清〕王夫之：《老子衍》收入於熊鐵基、陳紅星主編《老子集成》第8卷（北京市：宗教文化，2011年），頁568。

〔註48〕王夫之云：「如老人之師，如盡人之力，而人乃廢然而稱之曰自然。」〔清〕王夫之：《老子衍》收入於熊鐵基、陳紅星主編《老子集成》第8卷（北京市：宗教文化，2011年），頁568。

「脫然」〔註 49〕。意思是觀察久了就能看見事物本質，這個「觀」除了講的是對外觀察事物的脫然，還有往內觀察的脫然，筆者定義往內觀察是一種「對自我的全然接納」。莊子的「命」也是一種脫然，面對現實造成的侷限，倘若都是處於自殺式的問句是無法改變現況的，例如：老天為何要這樣對我？這種我問天的提問句型，只是讓自己不斷創造受害者的內在狀態，無力的思維、語言及狀態都會影響個人對於前進的方向形成拉鋸，阻礙個人生命的流暢。這時候就通常會聽到一句話產生，就是「為何我總是知道，又做不到？」然而，許多人就停留在這樣的階段，不願再移動，有時一卡就是十年、二十年、甚至一輩子。其實一陰一陽之謂道，面臨困惑時就是內在道魂覺醒的時機，這時候往往也是內在力量表述最清楚的時刻。當自己一直處於成心認為好的情境（身體機能、社會地位、人際關係等）就容易執著並認同它。反之，生命週期處於低能量狀態時，往往能夠對於生命的重建與再造帶來機會。因此，處理方式沒有捷徑，就是如實「面對」，先為自己生命負起 100%責任。

以道家而言，面對道路堵塞就是處理堵塞恢復通達，因為事件不會讓人沮喪，是關於這類事件的成心編碼創造了沮喪。發生情境時，可立即測試自己當面臨類似事件時，自己內在的反應是什麼？故感到沮喪或瀕臨絕望想要解除時，筆者認為有四個步驟可以進行處理，分別為：其一，脫然。先放下虛幻的目標，過去現在未來是時間維度的矩陣，將注意力從不真實的過去或未來，拉回當下。全然敞開的接受目前自己創造出的實像，並重新進行資源盤點。工具也就是莊子淑世精神實踐模組的庖丁解牛，透過「走在關鍵的決策」找到道路的 A 點，知道我在哪裡？其二，目標。透過「生命道路的通達」重新追問自己，我要什麼樣的結果？也就是確認道路的 B 點，我現在要去哪裡？其三，策略。透過「高瞻遠矚的智慧」，探討有什麼方法，可以幫助我從 A 點到 B 點？過程鬆動思想的局限，成心編碼改變，就能改變內在狀態。其四，實踐。透過「內外辯證的實踐」將擬定的策略，做出行動，讓身體跟上意識同時作出改變。在不斷身心合一的玄之又玄過程，延續內在狀態，將能用最短時間與距離，重新創造出自己要的生命實相及局面，因此，步驟一的脫然，是生命翻轉的關鍵。

〔註 49〕王夫之云：「不以禮制欲，不以知辨志，待物自敝，而天乃脫然。」〔清〕王夫之：《老子衍》收入於熊鐵基、陳紅星主編《老子集成》第 8 卷（北京市：宗教文化，2011 年），頁 567。

2. 觀其反復

老子說：「致虛極，守靜篤。萬物並作，吾以觀復。」（〈第十六章〉）〔註50〕王邦雄先生認為：「此為老子講修養工夫最直接也最關鍵的一段話，人生的困苦從心知的執著而來，因為執著帶來造作，所以工夫皆在心上做。」〔註51〕如何運用觀的工夫，感受身外及身內的萬物生滅呢？當聚焦關注調息的生理機能上，同時可觀到身體及心智的形，以主體本身而言，身心是連動的，當心雜念紛飛，誘發躁動情緒時，呼吸就會變成比較粗且急促，反之心是平靜祥和的，呼吸就會變成細且深長。既然萬象的分別來自我心，我就透過「觀」來看現在我面前所處的外在環境，老子說：「有無相生，難易相成，長短相較，高下相傾，音聲相和，前後相隨。」（〈第二章〉）〔註52〕也就是我生在一個二元相對的世界，有陰就有陽、有冷就有熱、有外在就有內在。如何觀的第一步，就透過外在感受到的狀態，來檢視目前的自己正與世界在哪一個共振頻率上。只有頻率相同的人才會兜在一起，這和聽廣播調頻的道理一樣，我的狀態若處於高雄聽警廣 93.1 就聽不到港都 98.3，當然也包括聽不到賣膏藥電台。觀的第二步，透過觀察著今天與世界相遇的人事物，往內覺察所遇之事，引發我有什麼樣的情緒，就能顯現自己正在哪一個振動頻率上。情緒是內在成心的語言，騙不了人，喜歡就是喜歡，不喜歡就真的不喜歡，它是非常立即性，無法掩飾的。所以當重複性的負面情緒上來時，要如同接收到訊息般，不要急著躲開，往內追問檢視自己的狀態及思維。

觀的第三步，覺察也理解後，萃取出情緒和思維背後的獲得，並做清理解消的動作，也就是運用老莊的「損」、「忘」、「虛」、「無」、「化」、「喪」等工夫。觀的第四步，將要的信念編碼保留，重新設定後儲存進入成心，再度回到心靈的平靜。因此「吾喪我」（〈齊物論〉）〔註53〕的喪我並不是要成為失智的人，將所有發生過的事全部解消。這輩子與成心共處是必然，所以當將事件萃取精華後，以現在的說法就是上傳到自己成心編碼的電腦雲端系統。應事應物需要運算時再下載使用，不需要時就回到清靜的道心。因此，自我認識就是從「觀」

〔註50〕〔魏〕王弼注：《老子道德經注》，收入於樓宇烈校釋：《王弼集校釋》（臺北：華正書局，1992 年），頁 35。

〔註51〕王邦雄：《老子道德經的現代解讀》（臺北：遠流出版社，2017 年），頁 83。

〔註52〕〔魏〕王弼注：《老子道德經注》，收入於樓宇烈校釋：《王弼集校釋》（臺北：華正書局，1992 年），頁 6。

〔註53〕〔清〕郭慶藩注：《莊子集釋》（新北市：商周出版，2018 年），頁 46。

入手，觀其身心變化的第一步就是「覺察」，發現卡住堵塞的點；進行第二步「理解」，整理感知與認知系統後萃取精華；第三步「選擇」，選擇要留下的信念，同時釋放無需再擁有的，至於拿捏的力道就在於能不能讓吾人走得下去，道家的原則就是以通達為主；第四部「設定」，重新儲存要的成心編碼。換言之，人腦如同電腦，以微軟 Windows 系統而言，當很順手的打字完，第一步要先做檢查，發現是否有錯誤；第二步就是停在錯誤端進行評估；第三步在錯誤端上進行修改或刪除；第四步按「Ctrl＋S」將檔案儲存。當持之以恆將觀的工夫涵養到時刻與道同在時，就不需要負面訊息作為警訊，告知生命情境中需要調整什麼了。

老子說：「萬物並作，吾以觀復。夫物芸芸，各復歸其根。歸根曰靜，是謂復命。復命曰常，知常曰明。不知常，妄作凶。」（〈第十六章〉）〔註 54〕當觀萬物同時生發時，我的任務就是在看萬物回復自然狀態。因此，我觀其復，就是在觀整個動作，觀看各式各樣的萬物都有其生長的根源，看久了就知道最後能夠放在哪裡。我放著事物讓它自己發展，讓它回歸到天命的狀態，也就是老天要我是什麼就是什麼，不是強求的狀態。這裡的命是指我能活下來都是老天給予各式各樣的機會，所以我每一刻的命都不斷在運化之中。當總能觀變而知常就有明，「明」是一種對事物了然於心的洞見，當能夠了解復命曰常，就萬變皆可涵納而能有所容。有這樣對生命的信任及涵納力，人就可以安心的活在每個當下，用從容的心態面對這個世界，而不再一直需要有為的躁動。有些人非常努力的工作，每段工作的結束不是享受生活，而是立即追逐下一個目標，永遠在汲汲營營之中，讓生命如陀螺般毫無安頓感。因此，「容」的目的就是不要傻勁的追逐。朝著生命的某些體驗享受而做，跟自以為追逐著生命以為這就是人生的目的，是不一樣的，一個是體驗生命而轉換工作，一個是追逐 30 歲前換 100 工作的里程碑。筆者綜觀自己的生命歷程，負責的工作大都因為體驗的差不多，又有一個機緣出現而轉場。當內在狀態順其命，用容涵納萬物時，好像真的就只要觀這個世界，經驗這個世界即可，無須過多妄為。留意道家講的是「觀」不是「關」，坊間很多說要關掉大腦回到平靜的書籍，其實是有難度的，人只要活著心智就會不斷產生念頭，意識流跟身體機能一樣，五臟六腑是每天持續性的運轉。當機能停止運轉之時就是完全永久關掉的那一

〔註 54〕〔魏〕王弼注：《老子道德經注》，收入於樓宇烈校釋：《王弼集校釋》（臺北：華正書局，1992 年），頁 35。

刻，就是因此道家不強調關掉，而是觀其萬物。

王夫之云：「信天下之不能越是也，任其遷流而不出於所自來。」〔註55〕如果相信天下所有一切發展，都不過來自於它自然的流動。自然就不需要刻意的去妄為，萬物不管怎樣變化，都終於它的本性。王夫之又說：「不爽於所自復，虛贅於天下之上，以待物之自成。」〔註56〕不要失去它自己會復歸的法則或標準，換言之，水往下處，不要強迫往上走；鳥是天上飛，不要讓牠水裡游，萬物自有自己的方向，不要去干預。「贅」字是附屬之意，我站在高處，好像附屬於天地之間一樣，去看萬物都在什麼樣的情況發展。所以我把自己拉高，好像多出的一樣東西，從空中看這個世界，關懷一切的事物。所有事物的發展，我就能用一個高度去看它，不限局中。莊子說：「獨與天地精神往來，而不敖倪於萬物，不譴是非，以與世俗處。」(〈天下篇〉)〔註57〕如果總在變化之中，看到周圍不斷在變，會覺得茫然無力。反之，當將自己拉到空中去觀看萬物時，就會覺得變化不過就是變化。當覺得變化不過是變化，常就出現了，故「知常曰明」(〈第十六章〉)〔註58〕了解通透就叫「明」，欣賞就是「觀」。

人在天地之中，也屬於造化的一環，生命也有自己的歷程，若一直想用心知駕馭這艘小船，就容易跟造化之流抗衡，當企圖控制整個生命的結果，往往抵達終點時，已精疲力盡，風景也沒欣賞到，整個人也不快樂。反之，帶著從容的狀態，輕鬆的駕著小船，隨著生命之流，帶往哪就往哪走，而吾人只需沿路欣賞風景，體驗人生，就能享受箇中的快意與通達。換言之，當能時刻與道體連結時，就無需依賴外在夢幻泡影的物質世界取得快樂，當然每天外在生活還是一樣，還是需要與這世界共處，但內在觀看世界的視野已不同。當中差別就在外在物質世界的變化，已不再控制吾人的內在狀態，吾人拿回生命自主權，享受欣賞當中的變化，對於來去不產生執著。

3. 觀其造化

活在當下是一種選擇，當能跳脫時間軸的生命情境，專注在每個當下就回

〔註55〕〔清〕王夫之：《老子衍》收入於熊鐵基、陳紅星主編《老子集成》第8卷（北京市：宗教文化，2011年），頁568。

〔註56〕〔清〕王夫之：《老子衍》收入於熊鐵基、陳紅星主編《老子集成》第8卷（北京市：宗教文化，2011年），頁568。

〔註57〕〔清〕郭慶藩注：《莊子集釋》（新北市：商周出版，2018年），頁755。

〔註58〕〔魏〕王弼注：《老子道德經注》，收入於樓宇烈校釋：《王弼集校釋》（臺北：華正書局，1992年），頁35。

到生命本身，故莊子說：「知天之所為者，天而生也。」(〈大宗師〉)〔註59〕若生命「知天之所為」和「知人之所為者」都能體會到，莊子說：「終其天年而不中道夭者，是知之盛也。」(〈大宗師〉)〔註60〕因此，生命需要搓揉是因為世界是變動的，當目標方向底定向前走時，發現原以為康莊大道其實都不康莊，它有碰到許多挫折，這時候就必須要搓揉掉，讓自己可以在其中轉身行走。就算不是一條直走的道路，也可以去改變提升自己去適應環境。生命的精彩有時最短路徑不是直線，故老子說：「夷道若纇」(〈第四十一章〉)〔註61〕、「大直若屈」(〈第四十五章〉)。〔註62〕生命某個意義就在於不斷實踐的時候，我跟這個世界是連動的，面對瞬息萬變的世界，我的每個當下隨著世界舞動，變成像跳探戈，你進我退我進你退，這時候學問就出來了。因此目標設定後，就可以安於每個當下，透過實踐過程，逐漸通透自己、通透這個世界，達到生命整全的通達。

莊子云：「宋人資章甫而適諸越，越人斷髮文身，無所用之。」(〈逍遙遊〉)〔註63〕王夫之云：「夫章甫不可以適越，而我無入越之心，則妙不在冠不冠之中，而敢以冠嘗試其身乎？而敢以不冠嘗試其首乎？又惡知夫不敢嘗試者之越不為我適也？」〔註64〕吳國和越國很早就有剃髮紋身的習慣，所以到越國去賣帽子，旁人會覺得是一件很奇怪事，因為在生意上貨物難以流通。王夫之反問為何賣帽子不能到越國去？我沒有想去越國，雖沒有想，可是能不能去，當然可以，因為「終日游」〔註65〕。換言之，因為我沒有入越之心，所以整件事最有趣的地方不在於有沒有帽子戴在我頭上。「而敢以冠嘗試其身乎？」因為我沒有刻意要去，就算我到了越國，我剃了頭髮，戴不戴那個帽子對我沒差。若連這個都掛心的事都沒差，那就真的沒差，想戴就戴或者不戴。所以一些要去求妙求通

〔註59〕〔清〕郭慶藩注：《莊子集釋》(新北市：商周出版，2018年)，頁163。
〔註60〕〔清〕郭慶藩注：《莊子集釋》(新北市：商周出版，2018年)，頁163。
〔註61〕〔魏〕王弼注：《老子道德經注》，收入於樓宇烈校釋：《王弼集校釋》(臺北：華正書局，1992年)，頁111。
〔註62〕〔魏〕王弼注：《老子道德經注》，收入於樓宇烈校釋：《王弼集校釋》(臺北：華正書局，1992年)，頁122。
〔註63〕〔清〕郭慶藩注：《莊子集釋》(新北市：商周出版，2018年)，頁37。
〔註64〕〔清〕王夫之：《老子衍》收入於熊鐵基、陳紅星主編《老子集成》第8卷(北京市：宗教文化，2011年)，頁567～568。
〔註65〕〔清〕王夫之：《老子衍》收入於熊鐵基、陳紅星主編《老子集成》第8卷(北京市：宗教文化，2011年)，頁567。

的人，都已經有心於求固定的東西，而忘記道最重要的就是無心而游。

人打從出生有這個身體就是一種侷限，隨著長大有了成心有多了一個侷限。然而，透過有形的萬象，包含身體和心理，去修煉淨化提升，讓自己的心超拔到達沒有侷限。透過非我認識並經驗到全我，持之以恆，將越活越自在，我就像透明空氣一樣，讓萬物或看見萬物生起的情緒反應從我身上穿越而過，沒有拘束，像天倪般，沒有邊際，若有卡住也沒關係，只要揮一揮衣袖，運用工夫解消掉。王夫之點出了一個很重要的內在狀態，就是縱然人受限於時空維度下，被造化推著在時間軸上前進，然而不論面對過去、現在、未來，我依舊可以把持我的內在境界來從容應對，一個字就是「游」。老子說：「儽儽兮若無所歸。眾人皆有餘，而我獨若遺。」(〈第二十章〉)〔註 66〕當甦醒後的生活關注點會與一般人有所差異，看似沒有目的的漫遊沒有歸向，素樸的像愚人般空空渾渾，對於眾人追求的東西無聲無息，任其自化終日游。與道同游是獲得心理議題解脫的關鍵，當能時刻聚焦當下，拉長與道同游的時間，那麼外在的鐘錶時間就只是外在的事物之一。也就是仍是會與外在鐘錶時間共處，但心已經從過去被制約設定的時間幻象中解脫，走出自己的生命節奏，獲得心理的逍遙。

第二節　虛心見真之道的具體實踐

如何將道家帶給吾人的生命智慧，活用於生命的心理議題中。接下來筆者將進行「心理議題的省察反思」及「案例分析」二個環節進行論述，剖析如何幫助自身或他人在心理議題上，獲得成就解鎖。

一、心理議題的省察反思

心理議題成就解鎖的體道者，同時也是此議題的思想貫通者。面對心的多元議題，以筆者第一線的實戰經驗，分成「成心編碼的問題釐清」及「成心編碼的提問路徑」闡述之。

（一）成心編碼的問題釐清

人世間的議題往往不會只有單方面，是如同牛一般盤根錯節的。因此，在面對過往事件有可能加雜生理、關係、環境、金錢等議題上，具體疏導的作法

〔註 66〕〔魏〕王弼注：《老子道德經注》，收入於樓宇烈校釋：《王弼集校釋》(臺北：華正書局，1992 年)，頁 46。

為：第一步驟，釐清議題，體道者透過深度聆聽和有效提問進行資料收集，確認個案想要探討的心理議題是在哪一個位置上？若個案議題是在「感知系統」乙的位置，就透過持續心齋工夫形塑安全的場域，使個案情緒能夠被涵納，從中獲得釋放。若個案議題是在「認知系統」丙的位置，則是透過第參章「莊子淑世精神實踐模組」道術合一達人心的步驟進行認知系統的整合。體道者的目標就是幫助個案確定所在位置，並透過提問讓個案方向由乙、丙的不通達位置往甲的通達位置移動，如表 5-1。

表 5-1　研究者整理

道 / 心理議題	感知系統	認知系統
通達	甲	
不通達	乙	丙

整個過程都是依照「莊子淑世精神的實踐模組」進行，即可鬆動看似盤根錯節的牛體。具體就是運用道術合一的操作步驟，透過達人心及達人氣的靈活切換，協助自身及個案面對與心理的任何議題時，藉由莊子淑世精神實踐模組的四大架構，分別為「走在關鍵的決策」、「生命道路的通達」、「高瞻遠矚的智慧」、「內外辯證的實踐」，獲得成心編碼轉碼，讓自己及他人重獲心理的暢達。

（二）成心編碼的提問路徑

透過上述探討明瞭，人之所以會有紛爭的關鍵在於成心，疏通成心的工夫來自於對於成心形塑的了解，就是吾人透過五感的感受接收外界的刺激，來打開對於經驗世界的認識，這些感官知覺路徑都會匯集到心上做出的感知回應及認知上的分別。當中翻轉的關鍵就是「感受」，開始覺察情緒是得以鬆動成心的關鍵。了解自己的成心真的不容易，有些不願意面對，選擇忽略將其壓到潛意識下，有些則是事情過了太久，早已遺忘深埋在潛意識中。然而，可透過不斷涵養道心，提升覺度，就能越來越敏銳覺察到自身感受。當啟動感受的開關後，就有機會將事件再從潛意識調度出來，透過拼湊感官記憶反芻事件，提煉出精要後將其事件解消。然而每個人的先行系統不同，也會影響自身對於覺察路徑的接收。道家是門很靈活的學問，只要能解決從什麼路徑切入都是一種機會。因此除了覺察有什麼感受，從感知系統切入外；也可以覺察自己常冒出什麼念頭，從認知系統切入；或者覺察自己常做出什麼樣的行為（動作）開始，從行為系統切入。

創傷壓力療癒權威 Peter A. Levine 醫生在 1970 年代提出「SIBAM 模式」，也就是「感覺（Sensation）、影像（Image）、行為（Behavior）、情感（Affect）、意義（Meaning）」五種路徑，本質由下而上的感覺和動作兼具的療癒過程。目的可以透過不同路徑鬆動個案過往凍結的能量，回到生命的流暢。當中感覺管道（Sensation），包含內臟所有感覺接受器誘發的身體感覺，例如：呈現肩膀與其他部位緊繃感的「動覺接受器」（又稱肌肉接受器）；精準明瞭自己身處在哪裡的「本體接受器」；維持左右平衡的「耳前庭接受器」；連結中樞及周圍神經的「本能接受器」，主要是迷走神經，包含自發性的訊號，例如：呼吸、心跳、內臟反應（胃痛）等。影像（Image）管道，包括視覺、聽覺、嗅覺、味覺及觸覺（VAKOG）呈現外在的感官記憶。行為（Behavior）管道，透過本能性肢體語言直接觀察個案內在狀態，了解其中隱藏的訊息，包含微表情、手勢、姿勢。情感（Affect）管道，就是內在情緒的不同表現。意義（Meaning）管道就是對於過去經驗解讀所下的結論。〔註 67〕

有時候被制約的事件過去已久，感官記憶調度不上來時，就可透過這五個連結路徑靈活切換，再度將過去凍結的一切，調度回來進行淬鍊。因此當遺忘事件時，可以從感官記憶路徑、感覺路徑（感知系統：包含身體症狀和心理情緒）、行為反應路徑（主體行動力）、意義設定路徑（認知系統）五者進行交叉提問，拼湊成心編碼的同時又能進行療癒。本文發現人體是造化的生成，很奧妙也很單純，只要掌握要領，透過幾個精準問句，也可協助個案喚醒與生俱來的療癒能力。以本文「道術合一」的操作步驟而言，路徑的靈活切換是「術」的一種，透過不斷的練習就可以提升提問的能力。然而，只有術沒有道處理的議題還都只是在表層，要有精湛的庖丁解牛環節，最關鍵的前提還是要形塑出道的場域。當體道者透過「心齋」（〈人間世〉）〔註 68〕營造一個安全的場域，個案在信任自在的氛圍下，啟動副交感神經會感到放鬆，讓個案有意願與內在進行連結，只要能啟動神經系統的自動調節機制，就有機會協助個案恢復平

〔註 67〕Peter A. Levine 醫生是一名同時擁有醫學生物物理與心理學的雙博士，他發展出一套透過身體覺察啟動療癒創傷的方法，稱為「身體經驗創傷復原技術」（Somatic Experiencing），目前是美國太空總署太空船研發計畫的壓力顧問，也是世界事務研究所心理學家小組成員，投入全世界的大規模災難與種族政治戰爭的關懷，為世界和平永續發展善盡社會責任。Peter A. Levine 著、周和君譯：《解鎖》（臺北：商周出版社，1999 年），頁 155～168。

〔註 68〕〔清〕郭慶藩注：《莊子集釋》（新北市：商周出版，2018 年），頁 112。

衡，回到身心舒暢。以下為筆者多年臨床第一線實戰輔導經驗，彙整出五種路徑交叉提問的概要，當然還是得因人因時因地而做靈活性的調整，參考如下：

1. 感官記憶路徑

先確認拼湊事情的樣貌，可以的提問為：發生了什麼事？接下來發生了什麼？你想到什麼事件？事情的經過怎麼了？你聽到（看到）了什麼？留意一下四周，你還發現了什麼？透過感官記憶路徑，連結到其他對於身體症狀、心理情緒、行為反應、所下意義的問句，例如：這個事件對你的困擾是什麼？這件事有影響到你的生活嗎？這個事件對你造成什麼影響？這個畫面，你以前也有過嗎？這個畫面，讓你想到什麼？當想起這件事，你最想說什麼？當你在說這件事時，你的感覺如何？當你在說這件事時，身體有什麼感受？現在再回想這件事，你的身體有什麼感受？當你在說這件事時，你的眼淚流了下來（身體部位），你覺得它要告訴你什麼？現在再回想這件事，你的心情感覺如何？當你在說這件事時，你的內在有什麼變化嗎？當畫面定格成黑白（畫面推遠拉近／大變小／拍照剪碎／地水火風燒掉），感覺如何？當聲音轉小（增強），你的感覺如何？當聽到他這麼說時，你的感覺如何？當擁抱自己時（身體觸碰），你有什麼感受？當聞到這個味道時，你想到了什麼？當吃到這個東西時，你感覺如何？當這些畫面（記憶）都消失，你會如何？當這些畫面消失，身體會有什麼感受？當在講述這個畫面時，你在哪裡？（第一人稱或第三人稱視角）這個畫面，對你有什麼意義？當你在說這件事時，你覺得宇宙要教會你什麼？（意義）這個事件中的你模仿了誰？這個事件你在意的對象，是別人還是自己？重要關係人（例如：家人／伴侶／長官）怎麼看待這件事？如果你問○○○（重要關係人），你覺得他會怎麼說？重要關係人有說什麼嗎？現在你會如何看待這件事？倘若那個人（過去的你）就在你面前，你會希望他跟你說什麼？如果沒有發生這件事，你覺得你會有什麼不同？如果阿拉丁的神燈巨人就在你面前，你最想跟他說什麼？

2. 身體症狀路徑

提問的語句可以透過探索身體，連結到其他對於事件的感官記憶、心理的情緒、主體的行動、所下的意義。例如：現在覺得身體如何？身體現在有什麼感受嗎？以前身體也有這樣的感受過嗎？通常在什麼場合，身體也會有這些症狀？（調度事件）通常跟什麼人在一起時，身體也有這些症狀？如果身體症狀有一個形體，你覺得那會長的像什麼？（顏色／大小／形狀）你試試把這個形體叫出來到你面前，讓你跟它對話好嗎？如果身體症狀有話要說，你覺得它要告訴你什麼？摸摸這個有感覺的部位，你覺得它想說什麼？如果身體症狀讓你聯想到一個事件，你覺得那會是什麼？這個身體症狀，你有想到什麼事件嗎？當你觸摸這個部位時，你有腦中有跳出什麼畫面嗎？這個身體症狀有一個感受，你覺得那會是什麼心情？感受身體的感覺，若此時有一句話跳出來，你覺得會是什麼？如果這個症狀消失了，你覺得誰最開心？感覺一下現在身體有什麼變化？現在感覺一下，身體哪個地方有好些？這個症狀從哪裡到哪裡？（部位／感受）如果這個症狀會移動，你覺得它會怎麼動呢？你希望這個症狀繼續留著還是離開？若把正向的感受存起來，你會想要收在身體的哪裡呢？除了這個身體感受，還有其他的嗎？起來把身體抖一抖（跑一圈／動一動），看看有什麼不同？

3. 心理情緒路徑

先確認個案當下的心情，可增加跟隨的同步性，因此可以的提問為：現在心情感覺如何？願意說說現在的心情嗎？透過心理情緒路徑，連結到其他對於身體症狀、感官記憶、行為反應、所下意義的問句，例如：這個心情會經常發生嗎？什麼時候開始有這個感覺？能不能再多說一點，你感覺到什麼？感受一下現在的心情，讓你想到了什麼？當你有這樣的情緒時，你會聯想到什麼？這個情緒有讓你聯想到什麼畫面嗎？當你有這個情緒時，通常都在什麼場合？當你有這樣情緒時，通常跟誰在一起？曾經發生什麼類似事件，讓你也有這樣的心情呢？如果這個情緒有話要說，你覺得它想告訴你什麼？不要這個情緒，那要什麼情緒？你會希望自己擁有什麼樣的心情呢？與這個心情相反是什麼心情呢？這樣的心情會影響你的生活嗎？如果繼續這樣的心情，你覺得會發生什麼事呢？當你感受這樣心情時，你會想做什麼事？你會如何用身體表達這個情緒？你覺得這個情緒在身體的哪裡？如果用一個動物（圖像）表達這個心情，你覺得會像什麼？若讓你形容一下這個情緒，你覺得它像什麼？如果情緒會有顏色，那會是什麼顏色呢？放慢感受一下此時的心情，若有一句話跳出來，你覺得會是什麼？感受一下心情帶給你的訊息，你覺得對你有什麼意義？

4. 行為反應路徑

透過行為反應路徑，連結到其他對於身體症狀、心理的情緒、感官記憶、所下意義的問句，例如：這個動作（示範）讓你聯想到什麼？如果當時沒有這麼做，事情會如何？你當時的反應是什麼？我看到你做了握拳（深呼吸／抿嘴／眨眼／流淚／手抖等），你想到了什麼（發生了什麼事）？如果○○（身體訊息）會說話，你覺得它要告訴你什麼？感覺你的身體想○○（大喊、打人、揮拳等），你願意讓身體的能量進行釋放嗎？如果此時身體想做一件事，你覺得會是什麼？如果回到當下，你會想做什麼？如果再來一次，你覺得身體會想做什麼呢？你願意放慢現在這個動作，感覺一下它要告訴你什麼嗎？你願意放慢再做一次，感受一下身體的感覺嗎？當做出這個行為時，你有什麼感覺？當做這個行為時，留意內在情緒有什麼變化？這個行為對你有什麼意義？如果現在可以離開，你會想要走去哪裡？你願意允許身體表達它想表達的嗎？如果能不再做這個行為了，你會如何？如果現在身體有一個部位有訊息要告訴你，你覺得會是在哪裡？假如情況改變，你會想怎麼做？這個卡住的行為，對你有什麼困擾？

5. **意義設定路徑**

透過意義設定路徑，連結到其他對於身體症狀、感官記憶、行為反應、心理情緒的問句，例如：從什麼時候開始有這個想法？（調度事件）如果捨棄這個想法，你會如何？你覺得若要回到平靜，你需要擁有（或捨棄）什麼信念？你覺得這個信念影響你什麼？這麼做，你想體現什麼價值？這麼做，你想獲得什麼好處？這麼做，你會有什麼風險？繼續這樣，你會失去什麼？繼續這樣你會獲得什麼？如果不這麼做，你會怎樣？如果再來一次，你會希望什麼樣的結果？這個念頭，你以前也有過嗎？這麼做，你想體現什麼身分？這麼做，你想證明什麼？放掉這個想法後，你現在身體感覺如何？獲得思維移動後，現在心情怎樣？當想法釐清後，你現在最想做什麼？

道家淑世精神的展現，是以萬物疏導者的角色示現在人間，他不是老師，不需要一直說教，只需要營造一個道的場域，過程涵納支持並陪伴萬物，藉由深度聆聽和有力度的提問，持續跟隨個案內在成心的移動，從中找到機會點切入，鬆動個案僵化的立場，即能帶來轉化。當中研究者能否運用「心齋」（〈人間世〉）〔註69〕工夫，持續涵養道心，形塑一個值得個案信任的場域是關鍵，安全感能打開成心溝通的天線，使得彼此的成心產生交流。過程時刻覺察並確認自己的狀態，運用道術合一的靈活切換道心和成心，使解牛環節流暢運行。

〔註69〕〔清〕郭慶藩注：《莊子集釋》（新北市：商周出版，2018年），頁112。

這當中都要帶著嬰兒般的好奇、開放、柔軟狀態跟隨個案。每一個個案來到面前就是一場精湛的解牛環節，覺察個案本身狀態，他正在哪個位置，他的屬性是什麼？（個性）他的需求是什麼？（目標）他的程度能接受到哪裡？（程度決定提問深淺及策略擬定）過程覺察個案卡住的侷限，是因為信念？還是身分？還是行為？還是人？還是心理情緒？還是身體症狀？只要能釐清問題找到核心的關鍵，基本上解牛環節就算成功一半了。上述得知，不論是「感知系統」的情緒疏通，或者「認知系統」中重新定位，要讓整個解牛得以流暢，關鍵就是每一刻都要持之以恆的蘊涵心齋工夫，帶著覺察的敏銳度，也就是涵養道家「觀」的工夫與自己和萬物共處。

二、案例分析

莊子淑世精神實踐模組能夠幫助自己和別人，且越將自己解消通透越能夠涵納他人的生命議題。其特殊之處，來自於道術合一，過程靈活切換成心與道心進行疏通，也就是在心智與本體連結間遊走，為個案進行感知系統與認知系統的整合，因此有別於經驗科學的心理學式諮商。以下分成三個案例，分別為疏通自己「害怕權威」議題、疏通他人「莫名煩躁」議題及疏通他人「沒有自信畏畏縮縮」議題的會談實例，進行分析與歸納後，呈現運用莊子淑世精神實踐模組，在心理議題上疏通個案的研究結果。

（一）案例分析一——疏通自己「害怕權威」議題

筆者發現自己有一個「害怕權威人士」堵塞的狀態，這是一種被主宰生死的感受。所以，當看到一些不友善的權威人士，除非必要的社交活動，不然筆者一定下意識躲開，能少接觸就少接觸。當發現自己有這樣的問題時，筆者就對自己進行庖丁解牛。

1. 模組一「走在關鍵的決策」——我在哪裡？

C：可否多說一點是怎樣的權威人士呢？（TC-2020-0302-1）

I：看起來嚴肅，有威嚴，不苟言笑之人，尤其是男的。（表情呈現反感）（TI-2020-0302-1）

C：說說大概什麼時候開始的？（TC-2020-0302-2）

I：很久了耶～一直是這樣～通常接觸到這類人就不會想要進一步互動。（搖頭）（TI-2020-0302-2）

C：好～你現在放輕鬆～做幾次深呼吸，試著回憶一下第一次有這種情形是什麼時候呢？（TC-2020-0302-3）

I：（放鬆，閉眼約 5 秒後）現在我腦中跳出一個畫面，因為家裡父母工作因素，有段時間我住在褓姆家，期間大約是在我三歲到就讀幼稚園大班。褓姆帶十個孩子，名單白板都有寫，我都會和小朋友玩並幫忙照顧，有問題就會跟褓姆說。褓姆很喜歡我，說我很乖很懂事。常在她女兒面前誇讚我，她女兒不喜歡被比較，很討厭我，每每在一樓公共場合時不會對我怎樣，但一到樓上她的房間，她就會立即跟我劃分界線，連床都不願意讓我睡，東西不能碰，甚至將我孤立，並依她心情而定和其他人一起用言語或行為捉弄讓我不好受。我未讀幼稚園前就寄居籬下，常看到人性的一面，我沒有講話的餘地，害怕自己表現不好，褓姆會跟媽媽說。為了不讓媽媽擔心，我常透過討好長輩讓自己生存下來。每次放假完媽媽要帶我回到褓姆家，我都是站在門口，緊牽著媽媽的手，不太想踏進去。當媽媽問我怎麼了，我搖頭說不出，接著就大哭，因為爸爸媽媽工作很辛苦，我不想讓他們擔心。第一次上幼稚園時，學校對我來說是超級陌生的環境，面對更多的人我感到害怕。於是就像抓到救命浮板一樣死跟著褓姆的女兒，褓姆的女兒很討厭我，說我是跟屁蟲，我也不管。老師要將我們分離，我就大哭。經與家長溝通後，我暫時沒有讀小班先跟褓姆的女兒一同讀大班。褓姆女兒畢業後，我才正式讀中班上學期，再讀大班下學期就畢業了，所以我幼稚園只讀一年半，小學早讀提早入學。（TI-2020-0302-3）

C：恩～你還想到什麼呢？（繼續釐清權威人士是誰？）（TC-2020-0302-4）

I：（睜開眼睛）我現在畫面跳出褓姆的先生，戴眼鏡國字臉，一臉嚴肅樣說道：「吃飯就吃飯，喝什麼水！？」（TI-2020-0302-4）

當個案說想要討論的是想了解的是自己為何會「害怕不友善的權威人士」？議題就很明確聚焦在關係議題，主題為「自己與權威人士」的關係。個案心裏感覺是「害怕」，想法「有一種被主宰生死」的感受。與不友善權威人士見面時，卡住表現的行為是「非必要的社交，下意識躲開，能少接觸就少接觸」。因此第一步先釐清議題個案對於不友善的權威人士定義，一共有四個，分別為：「看起來嚴肅」、「威嚴」、「不苟言笑」、「男的」。當有這四個標準產生時，代表個案內在有個不友善的權威人士樣板。這時候就透過感官記憶，搜尋個案在成長的歷程中，是否有遇過這樣的人？藉由調度畫面，找到這個人就是個案小時候住在褓姆家的褓姆先生，這時候就可以進一步釐清事件，拼湊感官記憶。

C：你願意說說發生什麼事嗎？（點頭）（TC-2020-0302-5）

I：剛才跳出那個鮮明畫面是晚餐時與褓姆的家人一同吃晚餐，我吃完想喝水，此時褓姆的先生，就很嚴肅的說道：「吃飯就吃飯，喝什麼水啊！？」我眼神看著褓姆沒有說話。褓姆對她先生說：「她就吃完口渴想喝水，我倒給她一下，沒關係。」她先生說：「桌上有魚湯。」褓姆說：「可是她從小就吃菜。」她先生說：「還不簡單，魚撈到旁邊，喝湯就好了～」褓姆想想也對，就照做，將魚湯端到我面前。我那時候還小，哪知什麼是葷是素？只知道這個味道怪怪的，我不想喝，所以我就一直沒動作。她先生看著我說：「現在是怎樣！？給你水喝你又不要喝！？」我就一直看著她先生。她先生生氣地站起來拍桌子說：「你真的很搞怪（臺）！要不要喝！」我還是堅持不要。他就叫褓姆強迫我喝，於是褓姆用她的大腿內側將我的身體和雙腳夾起來，右手勾住我的肩膀，左手拿魚湯的碗要強灌我喝下去。我當時無力掙脫，感到害怕又無助，當下靈機一動，就順勢將灌到我嘴裡的魚湯吐出來，全部噴到褓姆的臉上，她立馬鬆手鬆腳，我跌坐在地上。我當下趕快站起來，外表強做鎮定，內在其實很驚恐。用眼神環繞看著那一家子。褓姆先生生氣的站起來說：「搞什麼！你以前的乖都是假的是不是！（臺）」於是拍桌離開飯桌，褓姆一臉錯愕，褓姆的兒子睜大眼睛不敢有反應，褓姆的女兒在旁露出冷眼竊笑。從此我再也沒有跟褓姆的先生說過話，褓姆也不會再勉強我吃不想吃的東西。喔～原來我是因為跟這件事有連結阿。（表情激動，點頭）（TI-2020-0302-5）

C：恩～非常好～找出造成你開始害怕權威人士的事件。你在當時下了什麼結論呢？（點頭、支持）（TC-2020-0302-6）

I：（幾秒後）我下了「好可怕～」（TI-2020-0302-6）

透過心齋工夫持續形塑達人氣的安全場域，讓個案可以透過這場域，將過往成心記憶調度出來。透過成心編碼模式可以得知在事件中影像記憶是「幼稚園住褓姆家被灌魚湯」事件，感受是「害怕」、「無助」又「驚恐」。意義設定是「好可怕」。這個想法再不斷強化後，儲存在成心編碼中，形成個案外在行為上對於面對不友善的男性權威人士，習慣性的躲開少接觸。研究者此時運用解碼提問路徑切換進行疏導，藉由善用感官記憶路徑切換到意義設定路徑，也就是從釐清事件後轉到對於事件的看法。

2. 模組二「生命道路的通達」——我要去哪裡？

C：「與權威人士相處，感到好可怕」，這是你想要的嗎？（TC-2020-0302-7）

I：不是，可是這樣的想法強化下去，長大就變成誤會我就算了，不需要解釋，這大大影響了我和權威人士的相處。（TI-2020-0302-7）

C：若可怕不是你要的，那你要什麼呢？（微笑）（TC-2020-0302-8）

I：我想要跟權威人士相處時，也可以自在。（TI-2020-0302-8）

C：非常好，那要如何和權威人士相處時也可以自在呢？（點頭）（TC-2020-0302-9）

I：我腦袋跳出「不卑不亢」四個字。（TI-2020-0302-9）

C：非常好，可不可以再多說一點，對你而言什麼是「不卑不亢」呢？（TC-2020-0302-10）

I：就是大家都是平等的，每個人都有權利表達他自己，不只是對方，也包括我自己。我允許並尊重每個人表達他自己的方式，同時我也允許自己有表達自我的方式，而不是常陷在怕表達自己意見後得不到認同，轉為一昧討好的狀態，最後讓自己身心不平衡。原則上以不傷害對方又保有自己為主。（點頭）（TI-2020-0302-10）

C：恩～非常好～尊重為原則，以不傷害對方又能保有自己為主。（點頭）（TC-2020-0302-11）

I：（微笑）（TI-2020-0302-11）

釐清議題，看到全牛後，接下來就是第二步驟，確定個案要去哪裡？當個案說：「誤會我就算了，不需要解釋」時，順勢提問「這是你想要的嗎？」這句話提問下去主要在確認個案目標。一來一回的對話後，個案回答出「我想要跟權威人士相處可以自在」的目標，而「自在」是一個感受，就可以再透過提問下切，讓個案聚焦目標，使目標清晰。因此，個案找到她自在的標準就是「不卑不亢」的信念，展現的作法就是「尊重為原則，以不傷害對方又能保有自己為主」，並透過複誦再次強化個案的目標。當個案目標確定後，瞬間就能幫個案從問題框拉至結果框，也就移動個案從「與權威人士相處『害怕』，信念是『躲開少接觸』」的位置，移動到「與權威人士相處『自在』，信念是『不卑不亢』」的位置。在道體形塑的場域，研究者只需透過幾個提問就可以同步為個案感知和認知系統進行整合。

3. **模組三「高瞻遠矚的智慧」——我要如何做到？**

C：那現在請你閉上眼睛，做幾個深呼吸，想像一下若有一個機會可以回到那個事件的當下，現在三十幾歲的你會想做什麼呢？（TC-2020-0302-12）

I：（閉眼，深呼吸）我回到那個當下了～（TI-2020-0302-12）

C：非常好，你有看到剛才你提到的這些人嗎？（TC-2020-0302-13）

I：有～（點頭）（TI-2020-0302-13）

C：非常好，帶入不卑不亢的狀態，此時的你有想做什麼或說些什麼嗎？（TC-2020-0302-14）

I：我看到褓姆的先生了。我現在走到他面前了，我跟他說，謝謝你讓我明白在面對不合理的威權時，自己也要勇敢！不要怕失去關係而吞忍（臺）。（TI-2020-0302-14）

C：恩～很好，還有呢？（點頭）（TC-2020-0302-15）

I：我過去跟褓姆說，我知道你一直想迎合所有人，你的角色其實活得很辛苦，營造關係讓你的客源多，為這個家帶來經濟來源，養著妳的先生和孩子。然而，我希望你能多為自己而活，多愛自己一點，謝謝你讓我透過模仿，學習到如何擁有社交性互動，對於我在往後的人生的營造良好關係上非常的自然。謝謝你曾經對我的照顧。同時我也要謝謝你教會我要將生命的重心多給自己一點，取其自我與關係的平衡。（TI-2020-0302-15）

C：恩～很棒喔～還有嗎？（點頭）（TC-2020-0302-16）

I：我過去跟褓姆女兒說，謝謝你對我不斷展現敵意，讓我明白這個世界上本來就會存在喜歡和不喜歡我的人，我要學習尊重並接納每個人的不同，而不是非要每一個人都喜歡我。我也要謝謝你在我寄住在你家時，你願意將你最寶貴的家人與房間與我分享。同時也讓我明白，我想要什麼樣的生活環境，讓我明白有自己的家真好，更珍惜與家人相處的日子。（TI-2020-0302-16）

C：恩～很好～還有想說的嗎？（點頭）（TC-2020-0302-17）

I：我跟褓姆的兒子說，雖然我們接觸的機會不多，謝謝你都會大方的跟我分享你的漫畫系列藏書，對我親切友善。讓我明白沒有人願意離開自己的父母或親密家人，當有人來借住我家時，一定有某些不得已的原因，我要善待來的人。（TI-2020-0302-17）

個案對於「與權威人士相處自在」的目標，無法做到，來自於過往經驗，於是體道者的目標就是將個案從乙位帶回甲位的通達（參考同一節「虛心見心之道的具體實踐」的「成心編碼的問題釐清」）。以時間軸而言，因為個案發生的事件在過往、現在、未來的時間切點上，屬於過往經驗，因此體道者運用的策略就是透過催眠語句及持續心齋狀態，營造安全感的場域進行療癒。以現實時間軸的進行，當然不可能再回到過去，然而體道者可以善用意識能超越時空侷限的特性，透過「莊周夢蝶」（〈齊物論〉）〔註70〕式的夢境或催眠技巧，協助個案重回影像現象進行療癒，同時萃取事件每一個角色學習到的寶貴經驗，改寫過往成心編碼。例如：「對不合理的威權人士時，自己也要勇敢，不要怕失去關係而吞忍」、「要將生命的重心多給自己，取其自我與關係的平衡」、「尊重並接納每個人的不同，而不是非要每一個人都喜歡我」、「想要的生活環境」、「有自己的家真好」、「更珍惜與家人相處的日子」、「善待與我有所接觸的人」。

C：恩～很好，還有想說的嗎？（TC-2020-0302-18）

I：我過去跟我媽媽說，我知道您和爸爸為了這個家很辛苦，同時我也知道您是愛我的，若我當時感到不快樂，就直接跟您說心裡的話，相信您不會讓我寄住褓姆家，您會為我做最好的安排。是我有事悶著自己處理，是我自己沒有跟你說，我也常在外報喜不報憂的個性，讓您擔心。謝謝您讓我感受到滿滿的愛，讓我明白不論我過得如何是好是壞？您都會是那個最支持我的人，我很開心很有福氣這輩子能當您的女兒，我愛您。（眼淚湧出）（TI-2020-0302-18）

C：哇～太棒了，好溫暖啊～還有想說的嗎？（跟隨）（TC-2020-0302-19）

〔註70〕〔清〕郭慶藩注：《莊子集釋》（新北市：商周出版，2018年），頁90。

I：我最後想跟那時約五歲的自己說：「你很棒！對於你想保有、想堅持的東西，你很勇敢地捍衛了！縱然你那時候沒有什麼能力可以反駁，你還是奮力一搏。隨著社會化後，現在三十幾歲的我變成一個很會壓抑自己的人，常因為團隊組織或關係的和諧選擇犧牲自己，我失去了對自己的真誠，我要向你學習。（眼淚不斷滑落）（TI-2020-0302-19）

當潛意識引領從回到那幼稚園年紀時，縱然已經與當下角色一一做個結束，體道者也無須急著帶領個案回到當下，一路就是跟隨，協助個案將資源都帶回來。透過詢問，帶出機會讓個案與媽媽進行的對話，用現在長大的視角再度看當初的自己，找到母女關係相處的平衡點，留下愛與感恩的能量。同時又與過去五歲的自己對話，拿到以前「勇敢」、「真誠」的力量帶回現在，成為個案生命前進的資源。

C：感受一下這個眼淚想跟你說什麼？（TC-2020-0302-20）

I：它說我很勇敢，這是勇敢又有力量的淚水！我好像拿回過去勇敢充滿力量的純真狀態。（TI-2020-0302-20）

C：太棒了！你拿回過去勇敢充滿力量的純真了～（微笑）（TC-2020-0302-21）

I：恩～（點頭微笑）（TI-2020-0302-21）

C：若有一個動作可以將這個勇敢充滿力量的純真收納在身體裡，你會想做什麼呢？（TC-2020-0302-22）

I：我想閉眼用雙掌覆蓋住眼睛。（TI-2020-0302-22）

C：好～那你這麼做試試。（TC-2020-0302-23）

I：（個案此刻將雙掌覆蓋住眼睛。）（TI-2020-0302-23）

C：好。你慢慢感受這樣勇敢充滿力量的純真。當你覺得好了就可以將手放下來～（TC-2020-0302-24）

I：（約兩分鐘後，手緩緩放下。）我感覺這個動作也提醒我用心眼去看到事物的本質。（TI-2020-0302-24）

C：真是太棒了！「用心眼去看到事物的本質」，很有智慧的話喔～（微笑）（TC-2020-0302-25）

I：恩～（微笑、點頭）（TI-2020-0302-25）

C：對於這個事件，還有什麼想說的嗎？（TC-2020-0302-26）

I：差不多了～（TI-2020-0302-26）

C：那我們就要帶著祝福跟這家人和五歲勇敢的自己說再見囉～（TC-2020-0302-27）

I：恩～好～我現在看到他們帶著微笑緩緩地揮手，影像放遠縮小消失了～（TI-2020-0302-27）

C：非常好～謝謝你可以再做幾個深呼吸，慢慢張開眼睛，回到這個當下～（微笑）（TC-2020-0302-28）

I：（緩緩睜開眼睛）（TI-2020-0302-28）

當認知系統整理差不多後，此時個案的感知系統身體知覺起了反應，也就是眼角有淚水產生，這時研究者就跟隨個案感知系統進行釋放，同時解碼提問的路徑，從意義設定路徑切換到身體症狀路徑，也就是對事件的結論轉到對於事件身體症狀的感受。透過提問「感受一下這個眼淚想跟你說什麼？」讓個案帶回勇敢充滿力量的純真。研究者過程複述並強化個案感受，順勢提問「若有一個動作可以將這個勇敢充滿力量的純真收納在身體裡，你會想做什麼呢？」個案表示想運用「雙掌覆蓋住眼睛」，這個動作從意義設定路徑切換到行為反應路徑。同時在當場練習過程又萃取到一句有力量的意義設定「用心眼去看到事物的本質」這個提問讓個案從行為反應路徑再度切換到意義設定路徑。因此整個解碼提問的路徑，先從身體症狀路徑切換到意義設定路徑再切換到行為反應路徑，也就是從眼淚的訊息再帶到外在行為的動作，最後再帶回內在認知系統的定錨。這個由內在到外在，再回到內在的成心編碼設定，有助於個案在解牛環節結束後，能夠繼續保持那份「勇敢充滿力量的純真」狀態。

4. **模組四「內外辯證的實踐」——我要如何處世？**

C：說說你的收穫吧～（微笑）（TC-2020-0302-29）

I：面對權威人士會害怕來自我的過往經驗，當我從「不懂我就算」的失望信念調整為「不卑不亢」我允許他人和自己生命的選擇時，我的內在瞬間平靜許多。應該是說我學會在關係裡平等尊重。再來就是在關係裡，我明白回到自己身上的重要，而不是在關係裡失衡。最後，我拿回過去自己的資源，當我閉眼用雙掌覆蓋住眼睛時，就能調度那個勇敢充滿力量的純真狀態，也提醒我用心眼去看到事物的本質。（TI-2020-0302-29）

C：太棒了～那要如何在關係裡回到自己呢？（右手按讚）（TC-2020-

0302-30）

I：與人相處時，第一時間要先站穩自己的立場，尊重允許自己的感受與選擇。而不是注意力都先在對方身上，最後才想到自己，要從中取其平衡。面對不認同我的人時，我也要接受對方選擇這樣的關係，同時我也可以選擇我想要與此人建立什麼樣的關係。當這樣想時，就自在多了～（鬆一口氣）（TI-2020-0302-30）

C：恩～很棒喔～（微笑）看來你找到自己在關係相處時自在的方式了。（TC-2020-0302-31）

I：對阿～真開心～（微笑）（TI-2020-0302-31）

C：感覺勇敢充滿力量的純真狀態對你而言很重要，如何讓自己持續保有呢？（TC-2020-0302-32）

I：我每天起床、睡覺前、拔掉眼鏡休息前，我就用雙掌覆蓋住眼睛的動作，持續喚醒自己本來就有的能量，支持自己繼續前進。（TI-2020-0302-32）

C：非常好～我支持你喔～（微笑、點頭）（TC-2020-0302-33）

當個案說完她的收穫時，與權威者相處的成心編碼感知部分從害怕變成平靜，認知部分從「不懂我就算」轉成「不卑不亢」，相處的狀態從「躲開」變成「平等」及「尊重」。在關係相處上，個案表示回到自己能夠維持關係的平衡，及拿到過去的資源。因為回到自己畢竟是抽象的信念，因此進一步提問「如何在關係裡回到自己呢？」讓抽象的信念具體化可以落實於應對場域。個案回答兩點具體做法，分別為：第一為時間要先站穩自己的立場，尊重允許自己的感受與選擇。第二為面對不認同我的人，接受對方選擇的關係模式，同時我也可以選擇自己想要與此人建立的關係，無須討好，都是平等的。透過持續的心齋形塑場域與環環相扣的有效提問，過程不給建議，讓個案自己移動自己，最後讓個案不只找到與權威人士相處的自在方式，又多了跟不對頻的人及自己與自己兩種關係的自在方式。最後設定一個心錨，也就是用雙掌覆蓋住眼睛的動作，時間在每天起床、睡覺前、拔掉眼鏡休息前做，讓個案持續保有勇敢充滿力量純真的狀態，支持自己在人生道路上繼續前進。

（二）案例分析二——疏通他人「莫名煩躁」議題

C 個案 38 歲，是名很受學生愛戴的教職男老師，他表示一直有個困擾就是看書會有不耐煩的感覺，無法放鬆地看，總是會想很快把它讀完，無法有耐心，這樣的狀況困擾他很久了。最近無法心平氣和地看完的情形越來越嚴重。急躁感受會讓他無法看很大篇幅的文章，除非很刻意，但這樣的感受讓他不舒服。（TC-2020-0112-1、TC-2020-0112-2）

個案表示已經很久沒好好把書看完了，距離上次把書好好看完是《哈利波特》，因為動機很強烈，很吸引他。最近一次有強烈煩躁感受，是因為擔任行政職，要看學校計畫公文，一邊看煩躁的情緒就一直往上爬。此次目標很明確就是想解決這個看書煩躁的問題。（TC-2020-0112-3、TC-2020-0112-4）

1. 模組一「走在關鍵的決策」——我在哪裡？

此次庖丁解牛的對象是個案自己，議題為：有關看書會有不耐煩的狀態。研究者聆聽過程運用心齋工夫，與個案親和感建立（達人氣），創造一個信任放鬆的氛圍，並與個案內在成心進行對話（達人心）。

R：恩恩～當說到看書會不耐煩這件事時，你想到什麼？（TR-2020-0112-5）

C：我想到我在當實習教師時，要忙 X 展和又要讀書補習，準備考教甄。所有的同學都在忙著準備教甄，只有我在忙 X 展。我會選擇 X 展原因是因為我遇到了一個好老師，我當時想若沒有跟他學，錯過可能就遇不到那個老師了。所以當時一邊帶學生參加 X 展比賽，一邊忙教甄，只剩兩個月衝刺，壓力真的很大。（一邊訴說情緒急躁上來，表情變化，皺眉，頭傾斜）（TC-2020-0112-5）

R：恩～後來呢？（TR-2020-0112-6）

C：後來我雖然第一年就考上，志願選填也安排到我心中屬意的學校任職，最後雖鬆了一口氣，不過我當下就覺得我終於可以不用再碰教育科目了！（吐氣）（TC-2020-0112-6）

透過心齋工夫持續形塑達人氣的安全場域，讓個案在放鬆信任的場域下，調度出他過往的準備教甄的成心事件。透過對談可得知在事件中感官記憶是準備教甄又 X 展事件，情緒感受是煩躁、壓力大，當考完緊繃的壓力釋放時，個案下了一個「我終於可以不用再碰教育科目了！」的成心編碼。從此形成個案外在行為上，對於碰教育有關的書目或文章皆會產生煩躁的狀態。在環節過程很快地就抓到事件發生後的成心編碼，信念編碼為「我終於可以不用再碰教育科目了」，事情縱然已陳年，個案當時感知系統凍結的情緒仍未釋放。

2. 模組二「生命道路的通達」——我要去哪裡？

個案一來就很明確要解決無法看書的議題，因此目標就是協助解決，讓個案恢復過往可以看書的狀態。

3. 模組三「高瞻遠矚的智慧」——我要如何做到？

R：恩～非常好～（點頭）你現在願意配合我做一個動作嗎？（TR-2020-0112-7）

C：可以。（TC-2020-0112-7）

R：現在請你站起來，想像一下你現在正走在時間線上，哪裡是你的未來？哪裡是你的過去？（TR-2020-0112-8）

C：（停頓 5 秒）前方是我的未來，後面是我的過去。（TC-2020-0112-8）

R：非常好，現在請你閉上眼睛，做幾次深呼吸，放輕鬆，想像自己回到當時準備教甄 22 歲的自己的畫面。（TR-2020-0112-9）

C：（停頓了約 30 秒）我看到了。（語速變慢）（TC-2020-0112-9）

R：你看到了什麼？（微笑）（TR-2020-0112-10）

C：我看到我坐在運動場上的角落 K 書。（皺眉）（TC-2020-0112-10）

R：非常好，你願意走過去跟他對話嗎？（點頭）（TR-2020-0112-11）

C：（停頓了 5 秒）好。（TC-2020-0112-11）

R：那你跟他講講話，說你是十五年後的他，看他有什麼反應？（TR-2020-0112-12）

C：好。（約 1 分鐘後）我跟他說我是未來的他，他嚇一跳。（TC-2020-0112-12）

R：22 歲的你在做什麼？（TR-2020-0112-13）

C：在角落準備教甄的書，很緊張。（TC-2020-0112-13）

R：你的煩躁及壓力感來自於當時的自己未釋放，你願意鼓勵一下他嗎？（TR-2020-0112-14）

C：好。（過了約 1 分鐘）我拍拍他的肩跟他說，我是未來的他，我現在過得很好，他之後會很順利的考上教職，並在心中理想的學校服務，隨後遇到心儀的對象，組織家庭，幸福美滿。叫他放心，平常心應戰，會有他想要的結果。（TC-2020-0112-14）

R：非常好喔！（微笑）他聽了感覺怎樣？（TR-2020-0112-15）

C：他笑了出來。（微笑）謝謝我特地從未來跑來跟他說，他有點鬆了一口氣，不然看大家都在準備，只有他還在忙 X 展壓力很大。（TC-2020-0112-15）

R：對於年輕的你就清楚自己要什麼，懂得把握機會，向值得的老師學習，要不要跟他鼓勵一下？（TR-2020-0112-16）

C：好。（約過 1 分鐘）我跟他說你很棒！你做得很好！因為你當時的堅持，我才有機會推甄上理想的學校教書，因為教甄成績差不多，我是 X 展得獎幫我加的分，讓學校錄取我的。（TC-2020-0112-16）

R：太棒了～他聽完感覺怎樣？（TR-2020-0112-17）

C：他笑了，更確定自己的選擇是對的。（點頭）（TC-2020-0112-17）

R：非常好，還有什麼想跟他說的嗎？（TR-2020-0112-18）

C：差不多了，我看他好多了。（TC-2020-0112-18）

R：非常好，那我們現在就要離開，若用一個方式跟他道別，你會想用什麼方式呢？（TR-2020-0112-19）

C：我想抱抱他。（TC-2020-0112-19）

R：很好，我支持你。（TR-2020-0112-20）

C：（約 30 秒後）恩～我跟他道別了。（TC-2020-0112-20）

R：非常好，現在做幾次深呼吸，慢慢睜開眼睛，回到這個當下。（TR-2020-0112-21）

C：（個案緩緩睜開眼睛，坐下）（TC-2020-0112-21）

R：非常好喔，現在感覺怎樣？（微笑、點頭）（TR-2020-0112-22）

C：很平靜。（右手觸碰左胸）（TC-2020-0112-22）

個案的議題來自過往事件，研究者透過「莊周夢蝶」（〈齊物論〉）〔註 71〕式的夢境或催眠技巧，拉開時空侷限，協助個案重回影像現象進行療癒，過程透過催眠技巧帶領個案走時間線與當時準備教甄 22 歲的自己對話。整個過程持續運用心齋工夫營造安全的場域持續進行療癒。個案在與自己和解的當下，釋放過去「壓力」及「煩躁」的情緒，轉為「安心」及「平靜」。

R：太棒了！恭喜你！若為過去那句「我終於可以不用再讀教育科目了」重新下一個正向結論，你會下什麼？（微笑）（TR-2020-0112-

〔註 71〕〔清〕郭慶藩注：《莊子集釋》（新北市：商周出版，2018 年），頁 90。

23）

C：我終於可以讀自己想讀的書了！（露出笑容）（TC-2020-0112-23）

R：非常好喔！剛才你跟過去的自己說了一句「你很棒！你做得很好！」我覺得很力量耶～你平常會對自己這麼說嗎？（微笑）（TR-2020-0112-24）

C：不會，我很少鼓勵自己（搖頭，笑出）（TC-2020-0112-24）

R：那麼從今天開始做自己生命第一個支持者好嗎？（微笑）（TR-2020-0112-25）

C：好！（點頭、微笑）（TC-2020-0112-25）

R：若有一個手勢加上這句話，可以對自己做，你覺得那個手勢是什麼？（TR-2020-0112-26）

C：應該是這樣吧～（右手握拳敲打左胸）（TC-2020-0112-26）

R：非常好，看起來應該就是右手握拳敲打左胸，那你再試試並講出來「你很棒！你做得很好！」，感覺一下。（TR-2020-0112-27）

C：（前後練習 3 遍）（TC-2020-0112-27）

R：恩～非常好！現在感覺如何？（微笑）（TR-2020-0112-28）

C：現在感覺很好！（微笑）（TC-2020-0112-28）

R：若每天有一個時間，為自己做這個加油打氣的動作，你覺得會是何時？（TR-2020-0112-29）

C：三餐飯後。（TC-2020-0112-29）

R：非常好！是照三餐服用的概念嗎？哈哈（笑出）（TR-2020-0112-30）

C：哈～（笑出，表情變柔和）（TC-2020-0112-30）

R：那就每天照三餐，用右手握拳敲打左胸，對自己說：「你很棒！你做得很好！」做得到嗎？（TR-2020-0112-31）

C：可以！（點頭、微笑）（TC-2020-0112-31）

R：太棒了！恭喜你喔～（右手按讚）（TR-2020-0112-32）

C：謝謝你！（微笑）（TC-2020-0112-32）

當個案成心編碼中的感知系統釋放回到安心及平靜後，接下來運用提問「意義設定路徑」，將個案成心中的認知編碼進行調整，從「我終於可以不用再讀教育科目了」的位置轉為「我終於可以讀自己想讀的書了」的位置。內在感知系統及認知系統整合完畢後，順勢再從「意義設定路徑」切換到「行為反應路徑」，讓個案回到現實生活中能夠延續支持自己的動作。

4. 模組四「內外辯證的實踐」——我要如何處世？

R：說說此次的收穫吧～（TR-2020-0112-33）

C：太神奇了！現在很平靜，感覺回到剛出社會天不怕地不怕堅信自己選擇的狀態！也堅信自己想要就一定可以拿的到的狀態！（語氣堅定、音量提高）（TC-2020-0112-33）

R：太棒了！恭喜你喔～（微笑）（TR-2020-0112-34）

此次先調整個案煩躁的感知，引導個案與過去自己對話，釋放當時不安焦慮急迫的情緒，與自己和解並合一後，還拿回「剛出社會天不怕地不怕堅信自己選擇的狀態！」及「堅信自己想要就一定可以拿到的狀態！」的過去資源，個案感到充滿力量。認知部分也從「我終於可以不用再讀教育科目了」到「我終於可以讀自己想讀的書了」成心編碼改寫後，個案臉上露出笑容。最後研究者又協助個案拿到每天支持自己的資源，用右手握拳敲打左胸說：「你很棒！你做得很好！」幫助個案未來更無懼的前進。

（三）案例分析三——疏通他人「沒有自信，畏畏縮縮」的議題

D 個案 35 歲，女性，從事業務性質工作，一來表示自己想探討兩個點，一個是認為自己現在「自信全無」，做任何事會有一種「畏縮作賊心虛」的感受，想恢復以往的自信。（TD-2019-1012-1）

1. 模組一「走在關鍵的決策」——我在哪裡？

個案的感知系統先行，表述面對現況的心理情緒是「畏縮作賊心虛」沒有自信地感受。因此研究者從感知系統的路徑轉為感官記憶路徑，進一步了解個案導致沒有自信的事件。個案表示已經結婚了，對於有個公司男同事情愫卻仍斷不了，偶爾還會浮出對方的臉龐，知道要放下卻放不下。上回與先生去吃飯，先生提到那位公司同事，一聽就覺得渾身不對勁。又明明沒發生什麼事，卻搞得一副作賊心虛樣，很不喜歡這樣的自己，覺得自己是不是很像神經病。也曾問自己一直換伴侶的人是自己想要的嗎？以自我為中心的人（公司男同事）是你想要的嗎？答案都不是，但仍無法說服自己。（TD-2019-1012-2、TD-2019-1012-3、TD-2019-1012-4、TD-2019-1012-5、TD-2019-1012-6）

2. 模組二「生命道路的通達」——我要去哪裡？

R：所以，真正困擾你的是什麼？（TR-2019-1012-7）

D：我想放下卻放不下。（皺眉）（TD-2019-1012-7）

R：好，那我們來探討放下與不放下的優缺好嗎？（TR-2019-1012-8）

D：好。（點頭）（TD-2019-1012-8）

個案呈現目標對於情愫想放下，卻又放不下，代表背後一定有更深的成心編碼運作著，研究者先一步步抽絲剝繭，幫助個案釐清她想去哪裡。於是運用基本的分析工具「二分法」協助個案釐清放下情愫與不放下情愫的優劣，並統計重要性的分數，讓個案自己看到，結果如下。

男同事的情愫	放　下	不放下
優	輕鬆→10 分 乾淨→10 分 專注→10 分 總分：30 分	無
缺	無	情緒波動→穩定→9-10 分 作賊心虛→坦蕩蕩→10 分 總分：29.5 分

當個案述說負面語詞時，研究者透過提問將語詞轉成正向語詞，例如：不要情緒波動，要什麼？個案回答穩定。或者不要作賊心虛，要什麼？個案回答要坦蕩蕩。對於放下優點與不放下缺點的重要性分數比重接近，對於不放下的優點及放下的缺點上，個案認為皆無，呈現一種極力想放下的立場，然而放不下就是還有潛意識還有訊息尚未萃取出來，故這也是待會解牛環節接續的重點。因為個案呈現的是一個尚未放鬆的緊繃狀態，因此研究者持續運用心齋工夫，形塑一個安全的場域。

R：所以，當看著表格時，你有看到什麼是自己想要的嗎？（TR-2019-1012-18）

D：輕鬆、乾淨、專注、穩定、坦蕩蕩的狀態是我想要的。（TD-2019-1012-18）

R：非常好！當你擁有輕鬆、乾淨、專注、穩定、坦蕩蕩的狀態，就能恢復過往的自信嗎？（點頭）（TR-2019-1012-19）

D：（點頭）對對，沒錯，若我能擁有這些狀態，我就是恢復自信了，以前有自信的我就是這樣。可是我知道卻做不到。（TD-2019-1012-19）

透過表格分析協助個案進行目標確認，讓個案看到自己對於自信的標準為：輕鬆、乾淨、專注、穩定、坦蕩蕩的狀態。

3. 模組三「高瞻遠矚的智慧」——我要如何做到？

R：這個男生有什麼吸引你嗎？（TR-2019-1012-20）

D：我是他的業務主管，他很帥，對我很好。不過他有女朋友，跟父親關係也不好，回家就是打電玩，我知道他不適合共度一生，但我就是喜歡看起來完美的人。（TD-2019-1012-20）

R：聽起來，你迷戀的不是這個人，而是對方帶你的完美感覺，你覺得是嗎？（TR-2019-1012-21）

D：哈～對耶！沒錯！我喜歡看起來完美的人。我也喜歡全心全意對待我的人。（微笑）（TD-2019-1012-21）

個案呈現知道要放下對這個男同事的情愫卻做不到的狀態，透過探討個案認知上也很確定這個男生不適合共度一生，呈現的就是認知系統確定，感知系統卡住。因此研究者切入方向，開始透過過往事件清理，探究更深層的內在信念，並持續形塑安全場域，讓對方的成心願意拋出更多的訊息。另一方面提升個案對於關係的概念，也讓個案安心，例如：每段關係重點不在長短，其目地都在幫助我們經驗並認識我是誰。先扣回個案生命本身，當個案說出「我就是喜歡看起來完美的人」時，研究者抓到個案內在成心編碼，進行有效提問，釐清個案放不下的點。換言之個案回答：「我喜歡看起來完美的人」及「我喜歡全心全意對待我的人」的同時，研究者可以進一步探討背後最核心的信念串。

R：「看起來」完美的意思是，只要「看起來」就可以，裡面可以不用，是嗎？（微笑）（TR-2019-1012-22）

D：也不是拉～哈哈～（笑出，緊張的表情變柔和）（TD-2019-1012-22）

R：可不可以多說一點，一直想要「看起來完美」會怎樣？（點頭）（TR-2019-1012-23）

D：喜新厭舊。（笑出）（TD-2019-1012-23）

R：所以，結婚了，拆封了，沒有新鮮感或者沒有那麼完美了，你就

會厭舊而喜新了嗎？（微笑）（TR-2019-1012-24）

D：（大笑出）好像是耶!我買東西也會這樣，想要那樣東西時，就一定要追到手，到手後很快又不珍惜了。（TD-2019-1012-24）

R：你有看見內在信念正影響著你嗎？過去是買東西的習慣，現在是婚姻，上次你提到因為要跟老公在一起一輩子很無聊，想要有孩子。那孩子生後，若又厭舊了，請問怎麼辦？還可以塞回去嗎？哈哈～（微笑）（TR-2019-1012-25）

D：哈哈哈，對厚……。（大笑）（TD-2019-1012-25）

R：你覺得世界上有完美的人嗎？（TR-2019-1012-26）

D：沒有。（TD-2019-1012-26）

R：所以，你現在這個念頭是……？（TR-2019-1012-27）

D：妄念……。（翻白眼，笑出）（TD-2019-1012-27）

R：這個妄念有可能就是導致你痛苦的原因，認同嗎？（TR-2019-1012-28）

D：認同（笑出點頭）（TD-2019-1012-28）

R：「我喜歡看起來完美的人」這句信念，一直下去會成為什麼樣的人呢？（點頭）（TR-2019-1012-29）

D：高傲。（TD-2019-1012-29）

R：高傲是你要的嗎？（TR-2019-1012-30）

D：當然不是。（搖頭）（TD-2019-1012-30）

R：不要高傲，那要什麼？（TR-2019-1012-31）

D：我能接受自己跟別人的不完美。（點頭）（TD-2019-1012-31）

R：恩～非常好！感覺一下，能接受自己和別人不完美的人，會是一個什麼樣的人呢？（TR-2019-1012-32）

D：柔軟。（點頭）（TD-2019-1012-32）

R：非常好！那麼成為一個柔軟的人是你要的嗎？（點頭）（TR-2019-1012-33）

D：沒錯！是我要的!（眼睛睜大發亮）（TD-2019-1012-33）

透過討論，個案真正放不下的原因來自於過往的成心編碼，因此協助個案進行成心編碼重新設定：從「我喜歡看起來完美的人」移動到「我能接受自己跟別人的不完美」的位置，從「高傲」變成「柔軟」。藉由提問釐清個案內在成心編碼後，協助重新設定拿回力量，讓個案朝真正想要的自己邁進。研究者也發現，潛意識其實一來就丟出訊息（自信與有情愫男性友人的連結），是自己的心齋工夫還不足，沒有接收到。當漸入佳境後，就能靈活應用了。

R：你覺得你欣賞他的點原因是什麼？（微笑）（TR-2019-1012-34）

D：他很客觀，不易受影響。（TD-2019-1012-34）

R：不容易受影響，所以是什麼？（微笑）（TR-2019-1012-35）

D：有原則。（TD-2019-1012-35）

R：對你而言，成為一個客觀、有原則的人會讓你有自信嗎？（TR-2019-1012-36）

D：會。（點頭）（TD-2019-1012-36）

R：放不下，其中一個點是不是也有可能來自他擁有你失去已久，渴望找回的自信，你覺得呢？（微笑）（TR-2019-1012-37）

D：好像對耶！原來如此。（點頭）（TD-2019-1012-37）

研究者從提問中得知，個案欣賞這個男同事的點主要來自他很客觀及不易受影響。因為不易受影響是負面語詞，再次藉由提問轉為正向語詞「原則」，並透過提問得知，成為一個客觀、有原則的人，也是個案認為能夠恢復自信的標準。在個案自信喪失的情形下，會想抓著一個某個人或物不放。最大原因還是個案認為要「完美」的成心編碼，研究者抓到導致個案卡住的關鍵，進行提問，試圖找到機會鬆動個案卡住的認知，並且持續聚焦在個案的目標，也就是「恢復自信」上提問。

R：當講到「完美」二字時，你想到什麼？（TR-2019-1012-38）

D：我的生日是處女座，處女座就是要完美。（TD-2019-1012-38）

R：成為一個不斷要保持完美的人，是你要的嗎？（TR-2019-1012-39）

D：不是。（搖頭）（TD-2019-1012-39）

R：那你想成為什麼樣的人呢？（微笑）（TR-2019-1012-40）

D：我如實的做我自己。（TD-2019-1012-40）

R：非常好，還有嗎？（TR-2019-1012-41）

D：從小大家都誇我字漂亮。（TD-2019-1012-41）

R：所以呢？（TR-2019-1012-42）

D：我喜歡看美的事物，導致我喜新厭舊，讓人感覺勢利。（TD-2019-

1012-42）

R：非常好。（微笑）喜歡看美的事物沒錯，要修正的是對於字詞或事件下的編碼。導致喜新厭舊，讓人感覺勢利是你要的嗎？（TR-2019-1012-43）

D：不是。（TD-2019-1012-43）

R：恩～喜歡看美的事物，所以怎樣？（TR-2019-1012-44）

D：我的生命每天都充滿美好的事物，所以我很開心。（TD-2019-1012-44）

R：非常好。（點頭）（TR-2019-1012-45）

D：（微笑）（TD-2019-1012-45）

研究者針對「完美」二字進行解牛，拉出小時候過往語言設定，分析、釐清並同步重新設定。例如：個案認為自己生日是處女座，「處女座就是要完美」的位置移動到「我如實的做我自己」的位置。以及「從小大家都誇我字漂亮」，導致我喜歡看美的事物，養成喜新厭舊的習性，最後表現在行為上，讓人覺得勢利。當抓出病毒後進行分析、釐清並重新設定編碼，從「我喜歡看美的事物，導致我喜新厭舊，讓人感覺勢利」的位置，移動到「我的生命每天都充滿美好的事物，所以我很開心」的位置。當中跟個案探討語詞（星座）、發生事件（寫字、喜歡看美的事物），要修正的是對於字詞或事件下的結論。這個結論也就是內在成心編碼，編碼若是有侷限，就會影響整個處世模式，形成堵塞的困境，要慎乎心念，每個人都在創造自己的實相。

R：從剛才我們討論到因為有「喜歡看起來完美」內在編碼，導致產生「喜新厭舊」的習慣。也就是表述追求新的東西，到手後就看到沒那麼完美就又立馬轉移目標，這是你要的嗎？（點頭）（TR-2019-1012-46）

D：不要。（TD-2019-1012-46）

R：那你要什麼呢？（TR-2019-1012-47）

D：我要乾淨的選擇。（語氣堅定）（TD-2019-1012-47）

R：對你而言，什麼是乾淨的選擇呢？（微笑）（TR-2019-1012-48）

D：確定就確定。（TD-2019-1012-48）

R：非常好，那要如何做到確定就確定呢？（TR-2019-1012-49）

D：我發現我好像沒有辦法耶～（語氣弱掉）（TD-2019-1012-49）

R：怎麼說呢？（TR-2019-1012-50）

D：當我選擇兩難時，我會覺得與其無法選擇，不如全部都要。像買衣服覺得這幾件都很漂亮，就都買了。（TD-2019-1012-50）

R：哇～你有看到自己的信念導致的行為模式嗎？「與其無法選擇，不如全部都要」導致小事影響你的購物習慣，當都喜歡無法選擇時就全買，大至選擇伴侶，無法選擇時就全要。難怪無法乾淨選擇喔～（點頭）（TR-2019-1012-51）

D：（瞪大眼睛）對耶！天啊～真的耶～（TD-2019-1012-51）

研究者分析內在編碼設定，因為個案有「喜歡看起來完美」內在編碼，導致個案產生「喜新厭舊」的習慣。談話過程有表述追求新的東西，到手後就看到沒那麼完美就又立馬轉移目標。因此，重新與個案擬定一個新習慣為「乾淨的選擇」，當中選擇的標準為「確定就確定」。然而，為何個案一直無法做出乾淨選擇？來自於個案無法達到自己訂出的標準「確定就確定」，此句還有更深的成心編碼尚未釐清，也就是「與其無法選擇，不如全部都要」。這句內在成心編碼對個案造成的外在影響，付出的代價真是可大可小，小至影響購物、財務狀況、大至選擇伴侶，無法做出乾淨選擇。

R：談到此，你有看到導致自己沒有自信的內在編碼路徑嗎？每當無法選擇時，沒想清楚，衝動全要，後果代價隨著年紀承受的代價越大，例如：財務、感情狀況等。代價越大越無法面對，衝擊你完美的價值觀。隨著每次代價越大，你開始對於自己的選擇越來越不確定，開始質疑自己、不敢選擇、不願承擔，開始產生想逃開、不願意動的表象行為模式，形成現在看到「沒有自信」的自己。（TR-2019-1012-52）

D：真的耶～你是算命仙嗎？超準的。那怎麼辦呢？（擔憂表情）（TD-2019-1012-52）

R：看清楚的好處，就是可以重新設定一個自己想要的路徑。也就是當下次再度無法選擇時，要怎樣？就是想清楚想到底，再做適合自己的最佳決策，無法想清楚就先不要衝動決定，先請求神隊友支援，確定後再說。（TR-2019-1012-53）

D：恩恩。（點頭）（TD-2019-1012-53）

R：非常好，因為是想到底後做的決定，所以行動起來就會有力量，對於所做的事，也會較篤定甘願並願意負責。恭喜你重新建立一個路徑，如此不斷反覆，將建立正向迴路圈，你就可成為想成為的自己，也就是恢復以往的自信。標準就是剛才談到的乾淨、俐落、穩重、客觀、原則。幾個支撐恢復自信的信念就是，放下「完美」的妄念，換成「我能接受自己跟別人的不完美」、「我如實的做我自己」、「我的生命每天都充滿美好的事物，所以我很開心」的編碼支持自己。（微笑）（TR-2019-1012-54）

D：真是太棒了！感謝你把所有的重點再複誦一次，讓我又更認識自己了。（TD-2019-1012-54）

R：恭喜你喔！（微笑）（TR-2019-1012-55）

研究者分析個案越來越沒有自信的內在編碼路徑為，每當無法選擇時，沒想清楚就衝動全要，後果代價隨著年紀承受的代價越大。每次代價越大，越衝擊自己對於完美的價值觀，導致個案開始對於自己的選擇越不確定，質疑自己、越不敢選擇、不願承擔，甚至產生想逃開、不願意動的表象行為模式，於是形成現在看到的「沒有自信」的自己。透過討論重新設定內在編碼路徑，也就是無法選擇時，想清楚想到底，再做適合自己的最佳決策，因為是想到底，所以行動起來就會有力量，對於所做的事較篤定甘願並願意負責。如此不斷反覆，將建立正向迴路圈，就可成為個案想成為自信的自己。而標準就是：乾淨、俐落、穩重、客觀、有原則。這當中面對自我侷限時，可請求神隊友支援，上述過程協助個案看到之前二分法看不到的無（放不下的好處及放下的壞處），並修正大腦編碼路徑。由「無法選擇所以全選，事件越大代價越大後，導致自我懷疑，失去自信」的位置，轉化為「無法選擇時，進行分析想到底，做出乾淨選擇，篤定負責任去做，建立正向迴圈，累積自信的能量，最後恢復自信」的位置。

4. 模組四「內外辯證的實踐」——我要如何處世？

D：我想我應該提升的是面對選擇時的分析能力。（TD-2019-1012-55）

R：非常好，若你願意的話，待會環節結束，可以擬訂家課，回去練習。（TR-2019-1012-56）

D：恩，太好了～（微笑）（TD-2019-1012-56）

R：還有什麼討論的嗎？（TR-2019-1012-57）

D：若我回去還是放不下這個男人怎麼辦？（TD-2019-1012-57）

R：放不下就提起吧～（微笑）（TR-2019-1012-58）每當想起時就好

好想，回到剛才的正向迴路路徑，就是想到底。若你現在也很明白，這份情愫來自於對他人格特質散發給你的感受，不是真的想跟他在一起。那也可以賦予這個男人新的身分，例如：乾爸。

D：（大笑）好喔～這樣我可以接受，想起時就不會覺得怪怪的，恩恩，我現在好多了。（TD-2019-1012-58）

R：太棒了！恭喜你！（微笑）（TR-2019-1012-59）

當個案擔憂做不到，來自於個案完美的個性，因此研究者持續形塑道的場域，允許所有的可能發生，讓個案尊重自己內在的真實感受。當個案感受到被接納，整個擔憂的情緒就獲得釋放，朝著她想要成為的自己前進。最後還與個案共同擬定，若再想起那個有情愫的男生，就叫他乾爸，並與之對話：「帥帥型男乾爸，謝謝您出現在我的生命中，讓我開始正視自己的生命議題，現在我已經知道自己為何沒有自信的原因？當然知道到做到還需要一段時間，我相信每次想起乾爸您時，就是提醒我繼續做的時候。我也相信當我能持續做到時，我就能夠真正把您放下。相信到時候我就已恢復以往的自信，並以柔軟和尊重對待自己和他人，再次謝謝您出現在我的生命中，為我帶來祝福。」以上為 C 和 D 兩位個案的研究會談歷程，研究者對案例輔導成果，統一在第玖章結論時分成「研究者反思」及「參與者回饋」兩部分進行分析。

第陸章　莊子淑世精神的具體實踐三：人我和諧之道

談到人際關係的相處，必談到儒家的人倫，而儒道兩家對於關係的切入點不同，儒家對於世間是積極有為的，透過吾人的努力感動他人，進而期待他人也能夠跟隨，共同創造世界美好的可能。能如此展現大愛其背後的核心義理為「仁」。勞思光先生說：「『仁』是一超越意義之大公境界，此可由『人己等視』一義顯出；而人之能除私念，而立『公心』，則是一純粹自覺之活動，故此處乃見最後主宰性，而超越一切存有中之約制。」〔註1〕上述說明仁是一種自覺性的公心展現，而實踐出來的具體行為就是愛人。因此，「仁愛」是一個對於其他人彼此體諒的展現，儒家就是建立在這個信念上延伸五倫，也就是「夫妻、父子、兄弟、君臣、朋友」。可以看見儒家不斷去談君君、臣臣、父父、子子關係的強化，這當中有很強的關係連結在，若失去相對的呼應連結，這當中建立起來的規範就容易落入虛假，變成君不君、臣不臣、父不父、子不子了。虛假是相對於真實而說，在關係的連結上，儒家講「誠」，《中庸》云：「誠者，天之道；誠之者，人之道。」〔註2〕儒家認為一切價值皆必須以誠為立基，真誠是最重要的，把「誠」落實在生命之中就叫「信」，《易經》〈中孚卦〉卦辭為：「中孚，豚魚吉。利涉大川，利貞。」〔註3〕也有談及誠信的概念，「孚」

〔註1〕勞思光：《新編中國哲學史》第2冊（臺北，三民書局，2010年），頁119。

〔註2〕〔宋〕朱熹：《中庸章句》，收入朱傑人、顏佑之、劉永翔編：《朱子全書》第6冊（上海：上海古籍出版社；合肥：安徽教育出版社，2002年），頁48。

〔註3〕詳情參考〔魏〕王弼、〔晉〕韓康伯注、〔唐〕孔穎達疏、〔清〕阮元校勘：《周易注》，收入於《十三經注疏》（臺北：藝文印書館，1965年），頁133。

字有信驗，誠信、可靠，應驗之意，〈中孚卦〉至少有兩種意義，一是忠孚，忠為誠，孚為信，中孚即誠信；二是衷孚，誠信需發乎內心。在儒家又把信和情結合，情者，實也，情只有真實，不真實流露出的情感也是假的。因此真實無妄的真誠相通，雙方才能得以有所呼應，故誠、信、情要一起看，因為相信天地是有情，人跟人之間是有情，在彼此有情下，釋出的善意就會多過惡意，基於這樣一種善意，儒家建構了一個里仁為美的理想世界。

仁的作用是人與人互動間的道德情感感通，將「仁」行諸於外稱做「禮」，仁需透過學習後天的禮來規範吾人在人際關係中的應對，同時在實踐過程中，掌握愛人的智慧。謝君直先生認為：「有禮儀並非為禮，禮乃應該表現出內涵，亦即人的內涵，而此內涵即是『仁』，並且以『仁』作為禮的內涵纔能聯繫人與禮之間的關係。」〔註4〕換言之，仁的內涵彰顯可以透過禮的實踐，建構人與人相處間的和諧秩序，這當中不只包含待人處世的原則，還有在身分角色上的圓滿，明白怎樣為人兒女嗎？明白怎樣為人父母嗎？把自身擔負的角色扮演好，若能知道並做到，才叫真正做學問。禮也是禮尚往來，和仁一樣都是互動的，筆者在社會輔導的經驗上，看到很多人效法儒家到最後痛苦不已，最大原因乃要別人符合自己給出去的期待。有位個案常抱怨婆婆的修為不好，常常惡口令她不適，個案認為已經做到讓鄰居沒有話講，婆婆還是不認同她，於是感到十分痛苦。分析痛苦原因不在外境，而是她內在有一個好媳婦的身分存在，所以當婆婆無法讓她體現好媳婦的身分時，就容易落入痛苦中，同時又氣對方為何無法讓她體現孝順的價值觀。因此儒家建構一個美好向上的社會後，需要道家提供另一種可能性，以作為疏通關係上的緊繃感。

那麼道家又如何回應人際關係的議題呢？道家講虛靜的工夫，莊子認為太多情感的滿溢容易傷身，莊子在〈大宗師〉就提到：「安時而處順，哀樂不能入。」〔註5〕〈德充符〉也有呼應：「有人之形，故群於人；無人之情，故是非不得於身。」〔註6〕後段惠施與莊子對話，又提到：「是非吾所謂情也。吾所謂無情者，言人之不以好惡內傷其身，常因自然而不益生也。」〔註7〕上述說明道家自身對於情的感受比較淡，但不是完全沒感受，若沒有知覺感受那叫做

〔註4〕謝君直：〈生命教育之儒學闡釋——孔孟仁義思想的現代意義〉，《國立嘉義大學通識學報》第9期（2012年1月），頁45～71。

〔註5〕〔清〕郭慶藩注：《莊子集釋》（新北市：商周出版，2018年），頁186。

〔註6〕〔清〕郭慶藩注：《莊子集釋》（新北市：商周出版，2018年），頁158。

〔註7〕〔清〕郭慶藩注：《莊子集釋》（新北市：商周出版，2018年），頁160。

「沒神經」(台)，是要就醫的，本文以為道家在感受上是對自己的感受「心若死灰」，但對萬物的感受卻能「感而遂通」。因此心齋工夫不是無情，道家反而是一門「通情達理」的學問，若沒有通萬物情達萬事理的功力，如何在人間世能夠因應不同的萬物。換言之，無情是對自己而說，有情是對萬物而說，讓自己練就無情，方能常保虛靜心，超然物外不限局中，對萬物有情，方能達人氣，疏導萬物堵塞的點回到生命通達。

有關人際關係的相處，可參考目前國內學者豐碩的倫理學成果，或是參考拙作〈親和力來自柔軟心：以《老子》「柔弱」觀為中心〉〔註8〕，不再贅述。本章延續莊子將知由外顯談內化的部分，聚焦「人己關係」作為研究進路，探討老莊的關係通達之道。人是群居動物，離不開人己關係的議題，倘若至人若是體道達至之人，理當應該擁有各方面的整全，那麼至人是如何洞悉人己關係相處的困境？如何看待人己的關係？如何給予關係相處上內在反思性的回應？基於問題意識，此章主要分為兩環節進行答覆，分別是：其一，「人我和諧之道的理論基礎」探究道家面對關係的特點。其二，「人我和諧之道的具體實踐」，當中分為一對一的庖丁解牛案例分析及一對多的案例分析，從中探究如何將道家的生命調性，應用於生活不同人己關係的層面。

第一節　人我和諧之道的理論基礎

以下本節分成一、「相忘江湖：心靈空間的美學」、二、「反樸歸真：透過關係全然認識自己」及三、「為善無近名，為惡無盡刑：低調的幽隱之學」三點進行闡述。

一、相忘江湖：心靈空間的美學

莊子很早就發現關係相處會面臨的兩個困難點，其一，當我全心全意的用

〔註8〕此篇內容主要論述運用老子柔弱思想的慧見，探討社會支持對人的重要性，再論自古以來，人類一直不斷面臨三大衝突，一是人與自己的衝突（與自己溝通）、二是人與人的衝突（與人際網絡的溝通，例如：鄉民崛起、網路霸凌、小型社區轉型等）、三是人與自然的衝突（與萬物的溝通，例如：環境保育、環保議題、生態倫理學等）。透過老莊淑世精神給予社會一個正向支持的環境，讓自身回到生命通達、增進人際關係與萬物共存而常保和諧。黃薏如：〈親和力來自柔軟心：以《老子》「柔弱」觀為中心〉，《仁德學報》(2016 年 6 月)，頁 107～120。

善意對待他人時，他就一定感受的到嗎？再來，當我全心全意的對待另外一個人，那個人知道了，也真的有所感受，他就能給予我相對的回應嗎？人生有很多情況是美好跟不美好都有可能性存在。莊子說如果吾人把一切事情奠基在於期待對方的回應，不是不能，他追問的是當等不到時，該怎麼辦？因此，莊子選擇另外一條出路，就是盡其在我，也就是我不問他人對我有何回應，只問自己願意盡心力做到多少。換言之，就是我還是對你們好，我還是對於所有我願意關心的人釋出善意，可是你們對於我的回應，我不祈求，我只祈求不要妨礙到你們，而且用一些方法讓你們也不妨礙到我。最美好的情況就是我知道你跟我都各自過得美好，而且互相不會干擾，因此他說：「相忘乎江湖」（〈大宗師〉）〔註 9〕，這是道家選擇回應世界的方式。換言之，道家是門很務實的學問，很早就洞察到人與人之間情感過於緊密後的黏著感，故老子提出：「鄰國相望，雞犬之聲相聞，民至老死不相往來」（〈第八十章〉）〔註 10〕王邦雄先生認為「鄰國相望」開放不堵塞，可產生距離的美感；「雞犬之聲相聞」，彼此間的心聲相互感通，又有和諧在；「民至老死不相往來」，保持生活的獨立性。保有雙方的隱私權，不受到妨礙干擾，尊重對方生活的完整，才不會「無所逃於天地之間」。〔註 11〕道家提供了另一種相處的可能，也就是我尊重你國度運行的道，你也尊重我國度運行的道，你和我的生活就維持著知道彼此還存在著，偶爾聽到彼此近況的簡單清爽關係。王弼云：「無所欲求。」〔註 12〕河上公注：「其無情欲。」〔註 13〕都是精準的抓到「欲」字，人與人關係一旦失真，變成了有所企求，有形的企求就是交往前提都是利益交換，無形的企求就是用情感勒索彼此，故老子講樸，莊子講真，應讓關係回到單純化，回歸彼此的真誠以待，到老死都不以欲求相互要求彼此達到某些期待。

筆者在第一線的學校及社會輔導現場，常看到家長或孩子會痛苦，大多來自於親子間的關係變得不單純，養育孩子的過程，開始有了許多的期待與盼望，望子成龍望女成鳳。家長忽略並忘記了原本純然愛孩子的自己，當開始運

〔註 9〕〔清〕郭慶藩注：《莊子集釋》（新北市：商周出版，2018 年），頁 174。

〔註 10〕〔魏〕王弼注：《老子道德經注》，收入於樓宇烈校釋：《王弼集校釋》（臺北：華正書局，1992 年），頁 190。

〔註 11〕王邦雄：《老子十二講》（臺北：遠流出版社，2011 年），頁 294。

〔註 12〕〔魏〕王弼注：《老子道德經注》，收入於樓宇烈校釋：《王弼集校釋》（臺北：華正書局，1992 年），頁 190。

〔註 13〕〔漢〕河上公注、王卡點校：《老子道德經河上公章句》（北京：中華書局，1993 年），頁 304。

用條件進行交換，使得親子間的互動成了價值對價的行為，那就變成了最陌生的關係。最常見的情境對話就是，家長跟孩子說：「如果你為我做些什麼？我就買給你什麼？」例如：做完家事給多少錢、考試第幾名就買什麼。這樣的結果導致，每次希望孩子聽話時，聰明的孩子就會開始做出交換條件的請求。當家長不做條件交換，孩子一知道是無償，就什麼都不想做了。當中最大問題點在於現在家長都非常忙碌，常為了減輕精神壓力，只想「快速解決」孩子問題，所以「不做任何說明」，「只要」交換條件就好了。因此，交換條件有時候不是孩子本身發展出來的，而是父母為了讓孩子快速聽話而做出的提議，導致孩子認為他可以和父母交換條件。表面上家長看起來好像完成了他的任務，孩子已經會做家事了，但最大問題是，家長沒有「覺察」教育孩子過程自身背後的「動機」（指的就是崁入的成心認知編碼），和家長帶給孩子的「感受」（感知系統）和「價值觀」（認知系統），致使孩子沒有傳承到這個家的家庭信念。甚至家長根本對於家庭的組成也沒有什麼信念及核心目標，一個不知道要把家庭成員帶去哪的主事者，如何凝聚整個家的情感及向心力，一盤散沙是正常的。倘若，所有的事情都是交換而來，要如何體現一個家庭的價值？不就跟外面宿舍沒有兩樣，家人關係也會越來越疏離，有位女性個案跟我分享，她家三個兒子，一人一間房，彼此沒有交集，她說自己有如舍監，住在男生宿舍般，整個家不像家。因此，以利益為前提的交換，長期下去是否將導致孩子長大離開這個家後，建立以「利益」為思考導向的路徑，所有事都必須和別人交換，這樣的信念將深深影響孩子的未來人格發展及人際關係的互動。

王夫之說：「後機未至，強而屬之，如形已具而駢。追而綴之，如食已飫而更設。」〔註 14〕說明應該發生的還沒有到，拼命拉他放在自己的腰後繼，比如說跑接力賽時，後面還差一百公尺，此時的自己想要往後退把下一個跑者拉上來。意思是自己本身的具體形貌都已經出來了，還想要讓另一個獨立個體跟這個形貌相似並列，都已經做出一樣東西還要再做出另一個一模一樣東西，不就是把自己變得更混亂。其實很多人都有無意識執行這樣的行為，最大的原因是「強而屬之」，會想揠苗助長來自於想要他會長，最好長的和自己期待的一樣。扣回親子教育，就是當家長想將小孩拉到跟他一樣。換言之，家長心裡有個模樣，想將心中的那樣模樣具體化，拉到自身旁邊，讓內在這個模樣變成跟

〔註 14〕〔清〕王夫之：《老子衍》收入於熊鐵基、陳紅星主編《老子集成》第 8 卷（北京：宗教文化，2011 年），頁 570。

自己一樣並駕齊驅，可是這樣東西是虛的，做不到的。將自己期待強諸在孩子身上，最後龍不成龍，鳳不成鳳，新聞報導也很多播報類似的案件，孩子考上父母理想的醫科後跳樓自殺，一生就在完成家長心中的那個期待，倘若這個期待適合自己的個性那還可以順勢過活，反之則容易失去自己，陷入在對價的愛裡掙扎。王夫之又說：「道數無窮，執偏執餘以盡之，宜其憎乎物，而傷乎己也。」〔註15〕說明道本身的數就是無窮無盡的，生命的發展是無限可能的，任何人想要強壓都不可能，所以執偏強求的偏見或者多餘有為的方式，都不能解決。「執偏」就是當機會已失卻還想要追回它，「執餘」就是吃飽了還想要更設這一類的事（更設就是翻桌率再開一席繼續吃），整個過程都用偏執方式進行，不是以道的方式。當以任何偏執心態形諸於外貫徹在關係相對應的客體身上時，最後只有一種可能，就是「憎乎物」，不但你憎物，物也憎你，這是兩面向的，也就是你既討厭他，他也討厭你。親子教養上家長用心中自以為是的方式拉拔兒女，最後達不到期待就開始討厭他，瞧不起他，最後子女也恨你，因為他不想要這樣長大。那等於你也傷害了自己和別人。

有一位友人跟我分享，他的父親是一個技藝精湛的老師傅，在他就讀國中時父親就會帶著他到工地從搬運粗工學起，目的是希望他能夠傳承好手藝，未來繼承家業。可是個案的興趣是科技業，工地的重活也不是他的身形、體力所能負荷，長期下來父親對他失望至極，常用言語唸他不受教，甚至說他沒有上進心、年輕人不能吃苦之類的話。他也對父親恨鐵不成鋼的言語反感至極，兩人已呈現多年沒話講的狀態。兒子最後下了一個讓自己得以安的結論，好讓自己生命得以走下去，就是可能對方上輩子曾經殺了他，所以這輩子死都無法將就對方的心意，就是活活氣他。因此，「憎乎物傷乎己」到最後就是人我兩傷，老子說關係相處應該是：「兩不相傷，德交歸焉。」（〈第六十章〉）〔註16〕而不是兩相互傷，毫無德焉。老子又說：「物或惡之，故有道者不處。」（〈第二十四章〉）〔註17〕，「或」字指的是兩方的，有可能是你對物帶來傷害，物也對你帶來痛苦，根本就是與物相刃相靡的情境對待中。因此，人受限於自身成心編

〔註15〕〔清〕王夫之：《老子衍》收入於熊鐵基、陳紅星主編《老子集成》第8卷（北京：宗教文化，2011年），頁570。

〔註16〕〔魏〕王弼注：《老子道德經注》，收入於樓宇烈校釋：《王弼集校釋》（臺北：華正書局，1992年），頁157。

〔註17〕〔魏〕王弼注：《老子道德經注》，收入於樓宇烈校釋：《王弼集校釋》（臺北：華正書局，1992年），頁60。

礙緣故，會與我相對應的客體有所企求，期望對應關係人能依照我的意思發展。然而，萬物從來只會造著它自己的意思發展。當過度的企求，只會造成自我意識的膨脹，這樣的膨脹，往往無意識的呈顯在外在的行為表現上，最明顯就是成為自見、自是、自伐、自衿之人。不斷證明自己的氣場，無形中會帶給周遭環境不自在感，甚至讓萬物厭惡之，也造成彼此痛苦。故不斷刷存在感這件事，對道而言就是餘食贅行。儒家孔子也提到：「毋意、毋必、毋固、毋我」（〈子罕篇〉）〔註18〕也有呼應內在意識型態影響外在行為的部分，皆應留意。

以親子關係而言，讓孩子知道家長愛他或不愛他，不是因為他做對或做錯什麼，而是他本來就是什麼，愛他就只因為他是我的孩子。當孩子感受到全然的愛與被接納時，家長與孩子間就做到了情感的感通，也就是莊子說的「達人氣」，此時第一步親和感建立起來，後面再進行第二步的教育，才能有機會達到家長要的成效。因此，家長要教育前，應先明確知道自己的目標，到底是「把孩子教育好」？還是「教育孩子」？前者關注的重點是在如何把孩子教育好？後者則是關注家長教育孩子本身這個行為上。〈應帝王〉也有提到「治天下」不等於「天下治」的概念，狂接輿曰：「其於治天下也，猶涉海鑿河，而使蚉負山也。夫聖人之治也，治外乎？正而後行，確乎能其事者而已矣。」〔註19〕既然是要教育好孩子，重心就不是在家長自己身上，家長往往落於打完孩子，宣洩情緒或罵完想講的話，就自以為是教育孩子了。教育的關鍵應放在客體本身，教育過程就必須以依照孩子理解的世界，傳遞家長想告訴他的思維及作法，如此才能契入孩子的內心，也就是做到莊子說的「達人心」。多數人誤以為給孩子養大就是養育他了，其實不然，「養」和「育」孩子根本是兩件事，讓孩子在愛中被養大，也須讓孩子在愛中被耐心教導，孩子才能發展感知系統和認知系統平衡式的健全人格。當家長給予孩子全然的愛與支持，孩子就能感受被愛及被接納（感知），過程中又能接收到為何做的信念（認知），就能激發

〔註18〕〔魏〕何晏集解、〔宋〕邢昺疏、〔清〕阮元校勘：《論語注疏》，收入於《十三經注疏》（臺北：藝文印書館，1965年），頁155。

〔註19〕肩吾見狂接輿。狂接輿曰：「日中始何以語女？」肩吾曰：「告我：君人者，以己出經式義度，人孰敢不聽而化諸！」狂接輿曰：「是欺德也。其於治天下也，猶涉海鑿河，而使蚉負山也。夫聖人之治也，治外乎？正而後行，確乎能其事者而已矣。且鳥高飛以避矰弋之害，鼷鼠深穴乎神丘之下，以避熏鑿之患，而曾二蟲之無知！」〔清〕郭慶藩注：《莊子集釋》（新北市：商周出版，2018年），頁207。

孩子自發性的想做並且做到好。

具體而言，前面達人氣建立親和感後，執行層面可以在孩子修正或執行某事過程，明確告訴他，為何要請他做的原由或重要性。例如：在家裡請他幫忙做家事時，要讓他了解家庭關係中「互助合作」這件事是非常重要的。而不是，孩子打掃房間完，就請他吃麥 X 勞的條件交換，這樣孩子會誤以為，是不是只要某天我不想吃麥 X 勞時，就可以不用打掃房間了。因此，當邀請孩子做一件事時，家長必須傳遞想請他做這件事的「背後信念和思想」（成心認知編碼的植入）。有一個案跟我說女兒玩手機問題一事，令她感到十分困擾，確認解決問題意願後，進行「莊子淑世精神實踐模組」。第一步「走在關鍵的決策」先做問題釐清，個案表示之前都會限定孩子每天手機使用半小時，家事完成才可以玩。孩子自從國二越大後越常耍賴，常與線上同儕電玩對打，不遵守時間規定，多次爭執造成家庭革命，個案感到很困擾。第二步「生命道路的通達」進行目標確認，個案表示想要培養孩子擁有自律的價值觀。第三步「高瞻遠矚的智慧」，藉由莊學淑世精神式會談，進行內在信念的整合。研究者提問個案：「非常好，所以你的目標到底是『培養一個自律的孩子』？還是『不要孩子玩手機』？」前者是內在成心編碼，後者是行為表象。讓個案回答後，進一步跟個案討論，注意力就是焦點，思維路徑不一樣，結果就不一樣，目標會決定您要將孩子帶到哪裡？培養自律的孩子有很多種方式，限制孩子玩手機不一定能夠讓她真正學會自律。

道家是門洞察世界流變的學問，此時和家長討論如何在這趨勢的洪流中通達。提問家長能否接受 3C 世界的來臨？在過去的時代與同學溝通的方式是講話、頂多家用電話；現在孩子的對話路徑都是運用 3C 產品，即使就在旁邊也會用 LINE，連線上一同電玩對打也成為融入朋友圈的一種社交行為。研究者提問：「若你常出去跟朋友聚餐，吃到一半家人每次都要你馬上回家，你的感受怎樣呢？」個案表示：「很不好。」研究者提問：「可是孩子現在就是在線上和同學聚會到一半，你要她回家，你覺得她會開心嗎？」個案陷入思考，研究者繼續提問：「3C 世界來臨，她連找資料也都要運用手機或電腦。你又能限制她多久呢？」個案表示：「至少在我還能看到她的時候，現在沒有限制她，以後她到外面讀書了就更管不著了。」研究者提問：「孩子現在就沒辦法自律了，到外面你就期待她可以自律嗎？」個案陷入思考，成心認知編碼進行整合，個案的思維從「不接受 3C 世界來臨」到「接收 3C 世界來臨」的位置。第四步「內外辯證的實踐」與個案共同探討出她可以接受的策略，一樣透過提問讓個案專注要的目標，既然目標是自律，那有很多方式可以讓孩子學習到自律。如何讓孩子學習到自律又能與同學維持一定的交友關係，或許就是個案可以思考的功課？國中這個叛逆的年紀，孩子最重視的就是朋友，朋友最大，若家長能顧及孩子和同學的交友時間，通常孩子就會覺得家長親切多了。當然也不是一昧放縱，可以跟孩子共同訂定彼此都能接受的規則，並從中告訴她訂定規則背後的價值觀，是要讓孩子學習自律。這時候孩子才會真正懂家長行為背後傳遞的信念，真正開始學習自律。（讓家長明白她無法掌控孩子一輩子）

在探討過程持續達人氣涵養心齋工夫關注個案的狀態，研究者提問：「以前你們的時代下課就有很多娛樂時間，現在孩子早上起床到補習班回到家，都已經超過 14 小時的工作時數。請問他們何時才能休息呢？」個案點頭表示認同。研究者提問：「你平常紓壓的方式是什麼？」個案表示：「找朋友聊天、逛街。」研究者提問：「每個人紓壓的方式不同，所以你可以允許自己逛街紓壓，不允許孩子適度打怪紓壓囉？」個案聽完笑出。（運用莊子故事的隱喻，持續與個案在感知與認知上達人氣。並成功透過提問第二次移動個案思維，從「不接受孩子運用 3C 產品舒壓」到「願意接受孩子運用 3C 產品舒壓」的位置）此時體道者運用徐、觀的從容狀態，等待個案進行內在思維整合。最後個案提問：「若我開放使用手機，那弟弟怎麼辦？其實我也很困擾，他在我面前不敢玩，我不在家時，他和姊姊就會偷玩，無法克制。」體道者無須給予明確答案，只需用問題回答問題：「一樣專注你的目標，所以你的目標是如何培養一個『表裡如一』的孩子？（內在成心編碼）還是『不要玩手機』的孩子（外在行為）」？個案笑出並回答：「我懂了。」《莊子》一文也有多次提及「相視而笑」（〈大宗師〉）〔註 20〕的默契，當個案內在成心編碼整合完畢，回到生活場域能獲得通

〔註 20〕一共四處，分別為：其一，〈大宗師〉中子祀、子輿、子犁、子來四人相與語曰：「孰能以無為首，以生為脊，以死為尻，孰知生死存亡之一體者，吾與之友矣。」四人相視而笑，莫逆於心，遂相與為友。其二，〈大宗師〉中子桑戶、孟子反、子琴張三人相與友，曰：「孰能相與於無相與，相為於無相為？孰能登天遊霧，撓挑無極，相忘以生，無所終窮？」三人相視而笑，莫逆於心，遂相與友。其三，〈大宗師〉中子桑戶死，未葬。孔子聞之，使子貢往侍事焉。或編曲，或鼓琴，相和而歌曰：「嗟來桑戶乎！嗟來桑戶乎！而已反其真，而我猶為人猗！」子貢趨而進曰：「敢問臨尸而歌，禮乎？」二人相視而笑，曰：「是惡知禮意！」其四，〈讓王〉中昔周之興，有士二人處於孤竹，曰伯夷、叔齊。二人相謂曰：「吾聞西方有人，似有道者，試往觀焉。」至於岐陽，武

達，就是莊學淑世精神式會談「止」的時機。

因此，在教育孩子的過程，一定要明白告訴孩子，在事情背後要帶給他的感受（感知系統）和價值觀（認知系統）是什麼？例如：把家裡整理乾淨，存在一個舒適的環境是很重要的。家長教導孩子打掃房間，就是在教育他維持一個基本生活環境的因素就是乾淨、清潔、整齊。以此為例，將達人氣及達人心的人際相處原則，套用在任何一段關係的相處，例如：伴侶相處、閨密間的相處、長官與部屬間的相處皆是。不過這當中又因為身分位置的不同，應對會有些許的差異，例如：做錯事，父母可以叫我們跪下，長官若也這樣命令就很怪異，除非早期軍中，現在上新聞的機率就很大了。這就要依當時的時空背景、面對的客體及當時主客體彼此的內在狀態，做不一樣應對。道家是一門講究時和位的學問，當搞錯時機，縱然講的再有道理，依舊沒用。特別一提，盡信書不如無書，坊間書籍、專家學者說的不見得全對，包括這本論文的內容，皆不可盡信。對於重視時間和空間的道家而言，所有的一切回應都取決於在不同時間和空間切點底下的妙用。同樣一個觀點，放在不同的時間，不同空間，不同角度，其意義就大不相同，帶來的結果也不一樣。

有個案表示自認是個負責任的男人，但和太太談及家裡開銷想幫忙分攤時，雙方就常因錢而爭吵，令他困擾。他認為若家裡開銷透支可以跟他說，他可以加班，但為何談到錢就鬧情緒不面對，這樣的婚姻要如何繼續走下去？在確認個案有意願解決問題後，進行釐清議題：「最近一次討論家裡開銷，是在什麼情境下討論？」個案表示晚上一起洗澡時。當體道者聆聽到個案的時空切點的情境後，回到達人心進行分析。這個氛圍底下到底先應做什麼呢？是來個浪漫體貼的舉動，還是理性的探討家中經濟收支？到底有哪個女生可以接受羅曼蒂克的時間點下，另一半關注的不是她的身心，而是冰冷的金錢呢？這就是觀點很對，時間空間不對的典型案例。當體道者洞察到個案有限知的框架

王聞之，使叔旦往見之，與盟曰：「加富二等，就官一列。」血牲而埋之。二人相視而笑曰：「嘻！異哉！此非吾所謂道也。昔者神農之有天下也，時祀盡敬而不祈喜；其於人也，忠信盡治而無求焉。樂與政為政，樂與治為治，不以人之壞自成也，不以人之卑自高也，不以遭時自利也。今周見殷之亂而遽為政，上謀而下行貨，阻兵而保威，割牲而盟以為信，揚行以說眾，殺伐以要利，是推亂以易暴也。吾聞古之士遭治世不避其任，遇亂世不為苟存。今天下闇，周德衰，其並乎周以塗吾身也，不如避之以絜吾行。」〔清〕郭慶藩注：《莊子集釋》（新北市：商周出版，2018 年），頁 184、189、191 及 676。

後，便可透過提問進行鬆動轉化。具體做法為，道家淑世精神式回應只需進行兩個環節，第一先同理個案情緒後，進行提問：「恩～聽完我真覺得你是個對家負責的男人。那麼對你而言，理性的探討家中經濟收支，應該在什麼時候比較恰當呢？」討論過程留意個案的狀態，持續維持流暢自在的會談氛圍，並在個案提升認知思維後給予肯定。協助個案情緒疏導後，接下來可以再協助個案定框，因為淑世精神的體道者目標是向善向上，故可再進行第二句提問：「你覺得在這個浪漫情境底下，另一半最在乎、最想要的需求是什麼呢？」過程不給建議，讓個案自己移動自己的思維，並擬定出適合自己的應對策略。因此，透過兩句強而有力的提問，便可讓個案換位思考，站穩自身身份，並支持個案回到生命情境場域，流暢對應往來的客體。換言之，只要透過莊學深度聆聽及提問，方能疏導個案堵塞的困境，回到生命的流暢，這就是道家莊子淑世精神的魅力所在。其具體操作步驟，本文第參章「莊子淑世精神的實踐模組」中有詳細的論述。

所以，學會用冷慧的眼光看問題就不易被事情的表象所迷惑，透過現象的浮現，試著洞察到事物的本質，進一步找到事物的本質架構，就能駕馭事物，乘物遊心的與之共舞。換言之，一切的妙用都取決於鬆動認知框產生的結果，同時快樂的程度也取決於跳脫認知框的速度，這個認知框就是成心。如何與成心取得共處的平衡，甚至藉由成心讓自己超越，是需要不斷練習涵養的工夫。總之，人一生的結果皆逃不開成心框架的束縛，道家運用超然的慧見帶領吾人看到生命更多的可能性，將知的有限性進行翻轉，使吾人得以在有限知的基礎上，更往上翻越到下一個知。讓自己從「破除有限知的框」(跳脫困境)、到「定位自己有限知的框」(知道自己要什麼？)，到最後「併入自己設定有限知的框」（進入人間世的場域實踐），持之以恆直到成就解鎖，整個過程層層超越，往無限的「天倪」(〈齊物論〉)〔註21〕框邁進。

道家是一門空谷回應的學問，在面對關係上，因應機緣感而遂通，不會特意去攀緣，如同山谷有聲音過去才會有聲音給予回應，若沒有聲音過去，一直有聲音過來，那也是一件很可怕的事。對於道家而言，一個人不能控制一個人，

〔註21〕莊子說化框的終極目標就是「合之天倪」。倪字就是邊際，大到像天一樣沒有邊際，就是無框了。人生就是學習和自己的有限框及天地的無限框合諧共處，就是假我和真宰。〔清〕郭慶藩注：《莊子集釋》(新北市：商周出版，2018年)，頁87。

但是在機緣觸發下，可以發揮渲染力的影響他人。老子曰：「天下之至柔，馳騁天下之至堅」(〈第四十三章〉)〔註22〕道家的生命學問之所以可以打動人心，是因為它讓人自動產生一種「隨順的變化」，莊子說：「汝徒處無為，而物自化。」(〈在宥〉)〔註23〕這種自我提升不是以靠外力方式呈現，強硬把知識灌在對應關係身上是沒有用的，而是透過不同的方式讓對應關係可以修正或跟上。甚至什麼話都不用說，就用本身存在的身教顯露，讓對應關係自然而然潛移默化，因為做到了化，那個不言之義的教化，才得以被呈現，當中沒有刻意而為，如果化的更有價值性那叫「自我超越的提升」。所以聖人的不言之教不是說要讓自己成為什麼，而是透過自己對於道的體悟與實踐，適當運用道（內在人格涵養）及術（方法策略），讓對應的關係「自願」能夠提升，而且在潛移默化中自然而然轉變，這就叫無為自化。總之，道家是一門很靈活的生命學問，並非只靠言語活動就能理會，故老子說：「道可道，非常道」(〈第一章〉)。〔註24〕

透過上述可以得知，道家面對關係的議題，回應方式很簡單，愛的前提是絕對的自由，沒有自由的愛都是虛假的，那都是華麗糖衣包裝下，極其有為令人覺得窒息的束縛，是一種備受控制的愛。那麼如何讓關係無待？就是回到道家的生命調性就是通達，若能通透道家神髓將通達融入關係中，這樣的愛沒有負擔，很清爽自在。老子說：「生而不有，為而不恃，長而不宰。」(〈第五十一章〉)〔註25〕我創造或擁有某段關係，卻不因此佔有這段關係；我為這段關係的相對應者做了某些事，也不因此而自恃，時常掛在嘴邊；我陪伴這個關係相對應者成長，也不因此主宰對應者的發展，這就是道的生命調性，持之以恆玄之又玄的符應在生命中，就是玄德。道家認為關係從來不會讓人失望，除非期待，當有所求就容易有意識或無意識的控制對方。本文以為在道家共處關係中，西方的完形治療大師波爾斯（Fritz Perls）說過一段很經典的話，很適合作為此段落結語的代表，他表示：「我做我的事，你做你的事。我在這個世界上不是為了滿足你的期待而活，你在這個世界上也不是為了滿足我的期待而活，

〔註22〕〔魏〕王弼注：《老子道德經注》，收入於樓宇烈校釋：《王弼集校釋》(臺北：華正書局，1992年)，頁120。

〔註23〕〔清〕郭慶藩注：《莊子集釋》(新北市：商周出版，2018年)，頁275。

〔註24〕〔魏〕王弼注：《老子道德經注》，收入於樓宇烈校釋：《王弼集校釋》(臺北：華正書局，1992年)，頁1。

〔註25〕〔魏〕王弼注：《老子道德經注》，收入於樓宇烈校釋：《王弼集校釋》(臺北：華正書局，1992年)，頁136。

你是你，我是我，如果我們偶然發現彼此，那很好。如果沒有，那也沒辦法。」〔註 26〕上述也是強調尊重每一個人皆是獨立的個體，允許每一個人做出他生命的所有選擇。

二、反樸歸真：透過關係全然認識自己

本文以為關係的目標只有一個就是「反樸歸真」，現代話就是透過關係確認並獲得我的真實身分。有個案疑惑她自己，為何第一任交往對象，她被當成小公主般呵護，她什麼也不想為對方做。第二任交往對象，她變成家管，為另一半掏心掏肺，到底哪個是真正的她？其實答案都是她，愛的關係本來就有接受者和給予者的面向，她只是透過兩段關係認識了自己原來可以有兩種面向，這就是透過非我過程認識自己。藉由關係的互動，見證自己的真實身分，通常有三種方式，第一種是無意識地交給機緣自然形成，第二種是有意識在機緣形成時選擇要或不要，第三種是經由自己成心編碼未來劇本形成，也就是前文第貳章「莊子淑世精神的理論基礎」中人生攻略提到〈人間世〉的「設框」。通常後者的內在比較能實現自我，做到「知」的跨越性翻轉，關鍵就在有意識地設定，也就是帶著覺知生活。如果無法在一段關係中創造，總是隨適而安的人，通常是由別人主宰之間的關係。要知道「接受關係」不等於「創造關係」，接受一詞類通順逆都接受的感受，有些人真的能坦然就好，若不行，在臨終前就會有很多的遺憾，並感概的說：「這是我的命。」不用懷疑，據筆者在長青日照中心照顧老人及醫院接觸生死的經驗，遇到很多類似這種人，他們大多這輩子沒有真的想說自己要創造及負責自己的人生過，因此終其一生尚未認識他自己。換言之，安於表面現況，沒安於自己的心，那麼那個安只是表面上的安，內在是匱乏沒有力量的。莊子說：「知其不可奈何，而安之若命」（〈人間世〉）〔註 27〕道家的知命到安命的「安」字，本文認為是至少有兩個動態的步驟，分別為：其一，我接受我此刻生命的狀態。其二，我重新選擇一個我願意的方式過生活，命的主動權都是在自己手上，並非隨波逐流。

然而「創造關係」並不等於「主導關係」，「創造關係」而是設定想要經驗的場域，並透過經驗去認識自己。有些人誤以為「創造」就是「主導」，這是

〔註 26〕對於完形治療有興趣可參閱 Petruska Clarkson、張嘉莉譯：《波爾斯—完形治療之父》（臺北：生命潛能出版社，2000 年）一書，頁 236。

〔註 27〕〔清〕郭慶藩注：《莊子集釋》（新北市：商周出版，2018 年），頁 118。

兩碼事，一旦落入思維的誤區，就容易又落入想要控制關係的發展，要求他人應該怎樣怎樣的行為模式。當想控制關係時，才會造成令人失望、退縮的原因，這都是隱微的成心編碼，皆要留意。因此，想要在關係上獲得快樂，應該回到原本每段關係的目標，也就是反樸歸真，透過關係確認並認識自我，而非自己設定一個有為的目標去要求他人，甚至控制一段關係的發展。每個人只能成為他所成為的，故一段健康的關係應是讓彼此皆能自在地做自己，讓關係如實呈現原本的自在美好，讓每段關係的相處回到其本然。吾人只要覺察經驗，接收感受這段關係，並透過經驗感受認識自己即可。反之，只想用自己設定期待的目標，去要求對方應該如何，那麼就很容易在關係裡「相刃相靡」（〈齊物論〉）〔註 28〕產生痛苦，因為已陷入企圖想要控制並主宰彼此的關係中。因此，在所有關係的相處過程，是設定關係學習的場域，不是設定與對方關係發展的目標。設定場域後，焦點都應回到自己身上，覺察自己願意流露的是哪一部分，打開自己越多，越能經驗理解什麼叫關係的目標。本文以為關係的真正目標，就是確認出自己的真實身分，人生說到底就是到此一遊，透過這一遊去經驗並認識我是誰。

進一步說明，樸也是真，也是回到彼此最自然的模式，老子說：「道法自然。」（〈第二十五章〉）〔註 29〕也就是要留意自己在關係的狀態，莊子說：「端而虛，勉而一。」（〈人間世〉）〔註 30〕有時候進入關係的狀態是不對等的，甚至一開始進入關係的狀態就是迎合或委屈，久了就會造成反彈。不對等的關係裡，對方會認為你變了，其實你只是做回真正的自己。你以為一開始迎合的表達是愛，其實並不然，而這個不真實的自己，往往是造成最終關係決裂的關鍵，莊子說委屈的事都做不久。有一位個案喜歡煮雞湯給她男友喝，男友不喜歡也不好意思拒絕，每次都勉強喝完。交往幾年後，男友終於表示可不可以不要再送雞湯，個案卻生氣認為對方變了，是不是不愛她了。然而，對方真的不愛她了嗎？未必，男友只是做回他自己。當然感情的事是雙方的，不只個案單方面，男方部分也須釐清，然對重視意願及當下的道家而言，會先針對有困擾並有意願解決困擾的人進行處理。若是個案表示有意願面對生命議題，此時體道者可

〔註 28〕〔清〕郭慶藩注：《莊子集釋》（新北市：商周出版，2018 年），頁 53。
〔註 29〕〔魏〕王弼注：《老子道德經注》，收入於樓宇烈校釋：《王弼集校釋》（臺北：華正書局，1992 年），頁 63。
〔註 30〕〔清〕郭慶藩注：《莊子集釋》（新北市：商周出版，2018 年），頁 108。

以嘗試提問個案：「對你而言，什麼是愛？」「交往至今，你有尊重過對方真正的感受嗎？」及「你是否在用你對愛的付出在控制這段關係？」或許在遇到那個特殊的人之前，我們什麼也不是，特殊的人指的就是會令你有情緒，產生愛、恨、情、仇不同感受的人，有可能單純一種情緒，也可能令你加雜多種的情緒。透過這個特殊之人，觸動了內在深層的感受，發現自己可以給出或願意暴露自己更多。甚至在付出的過程，竟然還不會想要對方有所回饋的同時，已經在透過這段關係真正認識自己了。換言之，住在深山沒有關係的碰撞，少了觸動內在感受的機會，要經驗並認識自己相對也會比較困難。

因此，不用害怕與人接觸後的情感觸動，情感是有價值的，不要否定或排斥情感的流動。沒有情緒，就無法往真實身分前進，就無法深層的認識自己。有時候越想躲避的議題，不如直接面對，把被勾起的情緒做最徹底的清理。直到有一天，這些過去會令你感到憤怒難過不快的人事，都能不留痕跡的穿越自身，一笑泯恩仇時，就過關了。厭就是戀，當不再回應對方打來的乒乓球時，比賽就結束了。換言之，每次情緒海嘯來時，就是最好跳躍翻轉「知」的時機，覺醒的機會雖然都在每一分每一秒，然而情緒是引領覺醒的關鍵跳板。道家是門生命的學問，沒有走根本不會有移動，老莊的智慧是透過人生的經歷仔細去點滴琢磨的。在琢磨過程，去經驗並認識自己，同時從中又能逐一釋放過去積累的情感，回到素樸簡單的純粹狀態，最後帶著輕盈的能量往前走，這就是生命。反之，一般人總是預設關係的結果，想控制一切關係的發展，莊子說世上最美的距離就是「相忘江湖」。我愛你就是我的情感展現，只要不造成你的困擾，你愛不愛我那是你的情感展現，我完全尊重你的選擇，也就是關係可以回到沒有期待對方要如何回饋的生活，回到無須某些特定結果的生活，就是真正的自由。因此真正的愛是自由，換言之，「自由」是愛一個人的最大前提，若不是自由底下建立的愛，都是一種糖衣的包裝。在關係相處間，也要留意言語表述方式，維持彼此都自然自在的相處模式，莊子說：「傳其常情，無傳其溢言，則幾乎全」（〈人間世〉）〔註31〕太過的表述，讓對方一直覺得你每件事都非他（她）不可，也會造成壓力。因為對方就必須一直維持你認為好的狀態，他將無法做自己，這也有可能會導致關係破裂的原因，因為對方在用你期待的方式過生活，不是他最真實自然的自己。因此，留意進入關係的狀態，在關係

〔註31〕〔清〕郭慶藩注：《莊子集釋》（新北市：商周出版，2018年），頁119。

的相處上就是回到素樸的真，簡單講就是恢復關係的單純化，愛是沒有雜質的，愛就是純然的愛。不論是家裡的親子關係、夫妻關係、兄弟關係；在外職場長官和下屬關係、同事關係、和顧客關係；學校師生關係、同學關係；生活中的朋友關係等皆是。

樸也是整全無分的，莊子說：「大塊噫氣」（〈齊物論〉）〔註 32〕，每一個人都是整全的，因此關係的目標是 1 和 1，並非 0.5＋0.5。進一步說明，經營關係不是要讓某個人來使我圓滿，而是邀請人來分享我的圓滿，如果無法享受一個人獨處的自在，就會自然地想要尋求一份親密關係，來遮蓋自己的不安。換言之，不是因為對方的存在，才至使得我圓滿，而是我本來就是一。這跟「責任歸屬」一樣的道理，每個人都當為自己的生命負起 100%責任，若每個人不是 100%，那麼就容易造成等待對方、甚至怪罪對方的情形產生。若不是 100%，那麼彼此表現再好都只有 50%，另外 50%都只能交付他人，這樣如何拿回生命的自主力量？因此，真正能在關係上獲得通達的，都是願意以自我為出發的人。筆者認為自我為中心並非自私，而是尊重自己之意。也就是對於生命發生的一切，先扣回自身，開始願意尊重自我最真實感受及想法，並做真實回應，懂得關心自我感受並真實表態的人，方能不陷入關係的情緒勒索中。

當然以外貌形象而言，身體是有男女之別的，而不完整的感受會促成男女產生彼此之間的吸引力，然而當時常與道同在回到一的境界時，男女都是一樣的。以內在心知的形而言，莊子說：「知天之所為，知人知所為者，至矣。」（〈大宗師〉）〔註 33〕當能讓先天的道心和後天的成心取其平衡，達到和平共處的合一時，我就是一，一就是我。體會到這個時候，我將會失去一段關係，一段自己和自己的關係。換言之，當我喪掉了自己這個形，真我與虛幻我合一，也就是去我相後，和其他所有人的關係也都是通達充滿愛的關係了。莊子說：「天地與我並生，而萬物與我為一。」（〈齊物論〉）〔註 34〕回到「未始有封」（〈齊物論〉）〔註 35〕，整一未分的狀態。那麼回到現實生活，如何進行？道的通達本就深植內在，不假外求，無須依附任何人，無論你現在是一個人或是有

〔註 32〕〔清〕郭慶藩注：《莊子集釋》（新北市：商周出版，2018 年），頁 47。
〔註 33〕〔清〕郭慶藩注：《莊子集釋》（新北市：商周出版，2018 年），頁 163。
〔註 34〕〔清〕郭慶藩注：《莊子集釋》（新北市：商周出版，2018 年），頁 68。
〔註 35〕〔清〕郭慶藩注：《莊子集釋》（新北市：商周出版，2018 年），頁 70。

伴侶或是旁邊有重要關係人，都應該把注意力拉回自己身上。當透過心齋的工夫，涵養「唯道集虛」的內在狀態時，會先停止批判自己，同時也會停止批判周遭的重要關係人，當在道的通達狀態，會完全接受對方真實的模樣。因此，可以把與周遭重要關係人的相處，當作檢證自己實修的方法。本文以為一段親近關係的目標不是要尋求慰藉救贖，而是讓吾人更保持覺知及認識自己。當透過心齋工夫虛室生白後，會創造一個吉祥有愛的清爽空間，允許萬事萬物以他們本來的模樣存在。

三、為善無近名，為惡無近刑：低調的幽隱之學

〈齊物論〉告訴吾人世間一切的紛擾來自於「是非」，而「是非」是由「成心」造成。只要有人就有其思維的習慣性，又稱價值觀，而這些價值觀源頭銜接的並不是真理的那一方，絕大部分出於吾人自身的背景、區別、愛好、喜怒之情，背景不同形塑的認知就有所差異。友人從蒙古回來分享，讀萬卷書不如行萬里路，臺灣是海島型氣候，出門若遇下雨就會覺得很掃興，在蒙古若到對方家門口，立即下起傾盆大雨，對方會滿懷歡喜的迎接，因為他們會認為是你把雨水帶來草原，你的到來壯碩了他們的牛羊。那麼兩者都是下雨，為何會有落差？這就是環境造成的影響。因此，試著用更柔軟的眼光看待這個世界，不要總是以為自己覺得對的想法，全世界也都會認為是對的。因為生活背景不同的認知差異，會無意識的形成某種認知立場和感知的情緒。因此，有時影響吾人做出非常關鍵決定的，不是基於對那樣事物理性的知，而是非常直覺的情感層面，也就是我願不願意。莊子很早就洞悉人性最底層的面向，在〈齊物論〉明白點出「未成乎心而有是非，是今日適越而昔至也。」〔註36〕我沒有「成心」而有「是非」，就好像今天才到了這個國家，昨天就已經來了，其實並不是。成心無意識地影響吾人判斷的準則，有時壓根子不是認為那是情感的驅動，還自以為對事物本質有清楚的知。換言之，「成心」是影響吾人判斷的最重要的條件，那麼成心能不能更改？多數人誤以為在〈齊物論〉脈絡底下，要更改吾人的主見，甚至完全喪其成心，其實未必，也不可能做到，除非失智或終結生命。要知道吾人就是因為有過去的成心才有現在的我產生，人不可能離開成心，因此學習和成心共處即可，當開始覺察到體內還有一個思考者的那一刻時，也就了解到體內還有另一個更重要的東西，這時候內在就會開始覺醒了。

〔註36〕〔清〕郭慶藩注：《莊子集釋》（新北市：商周出版，2018年），頁56。

這在〈大宗師〉明白點出「知天之所為，知人之所為，至矣。」〔註37〕人只要活著就不可能去掉成心而活，既然如此就學會與之和諧共處，生命就是讓自然在我身的造化和後天形塑的成心，達到平衡就是通達。

〈齊物論〉說「成心」是很難改，因為人「一受其成形，不亡以待盡。與物相刃相靡。」〔註38〕吾人一旦有了形體，就連自己跟自己的形體，都會出現那種相刃相靡的關係，更何況自己跟他人的形體相處時，與他人成心間的相刃相靡。既然每個人的成心一定存在，又要讓自己在這個世界得以存活。莊子洞見了生命在關係上的三點安頓之道：第一，理解這個世界每個人都有成心，我不能要求別人，但我可以要求自己，在聆聽世界的聲音時，要帶著覺知明瞭所有的判斷都來自於自己的成心，並非世界的原貌。第二，不因自己成心產生的行為，造成他人的困擾。第三，不因別人的成心，而造成自己跟別人間的煩惱。也就是說，能否讓自身的行為不要促成這麼大的迴響，因為迴響裡常因為成心而有正反雙方的意見。針對第一點和第二點在關係上，如何要求自己時做到不驚擾他人，莊子在〈養生主〉「緣督以為經」、「以無厚入有間」及「為善無近名，為惡無近刑」皆有提供吾人方針的指引。

莊子在〈養生主〉提出「緣督以為經」〔註39〕，許多學者把它翻成是中醫的任督二脈顯然有點過頭，因為除了「緣督以為經」這一句話之外，在整個《莊子》三十三篇裡，並沒有見到類似的理論。換言之，如果莊子把它做為整個學說去談論，應該會多次去提及，可是並沒有。因此本文傾向「緣督以為經」的「督」字不取脈象的解釋，而是取原素樸意探討。郭象曰：「順中以為常也」〔註40〕成玄英云：「緣，順也，督，中也。」〔註41〕督字本有中空之意，為中兩間而立，俗所謂騎縫也，在渠道中留有通道使得水流可以暢達，因此水流的溝渠交節處就叫「督」。黃錦鋐先生認為：「緣即順虛寂的中道而行」〔註42〕「緣」字就是順著，所以要順著交節處不堵塞，就叫通。因此「緣督以為經」就是「緣通以為經」，莊子掌握了人與人相處的關鍵就是能不能以通為原則，「經」字就是原則。

〔註37〕〔清〕郭慶藩注：《莊子集釋》（新北市：商周出版，2018年），頁163。
〔註38〕〔清〕郭慶藩注：《莊子集釋》（新北市：商周出版，2018年），頁53。
〔註39〕〔清〕郭慶藩注：《莊子集釋》（新北市：商周出版，2018年），頁91。
〔註40〕〔清〕郭慶藩注：《莊子集釋》（新北市：商周出版，2018年），頁92。
〔註41〕〔清〕郭慶藩注：《莊子集釋》（新北市：商周出版，2018年），頁92。
〔註42〕黃錦鋐：《新譯莊子讀本》（臺北：三民書局，2007年），頁43。

掌握了原則，當下就能明白如何應對，人跟他人之間的距離美感自然就會拉了出來，這就「庖丁解牛」寓言故事裡的「以無厚而入有閒」(〈養生主〉)〔註 43〕。並不是說庖丁的功夫有多厲害，而是以人際相處來說，他找到了一條或者空出了一條縫隙，隔開了人跟我之間的距離，而那個距離使得兩邊都能不受到傷害，莊子說：「聖人和之以是非，而休乎天鈞，是之謂兩行。」(〈齊物論〉)〔註 44〕這兩條自由暢達的雙線道，說難很難說容易也容易，每天與人接觸時，吾人並沒有坐到另外一個人身上去，就是因為在當下場域中，很自然找到跟隔壁那個人最美好的距離，一個彼此不會互相妨害的空間，這空間包含物理上的空間，以及人跟他人之間的心靈空間。〔註 45〕對於「以無厚而入有閒」的「有閒」就是它本來就有，而吾人可以洞見那個有，不過應運使其而生，王弼說這叫「明物之性，因之而已」(〈第四十七章〉)〔註 46〕。這個時候的「明」不是依靠著認知上的觀察及思辯，而是依靠當下對它的清楚明白，虛其心後沒有在裡面太多的企求或有為，這時候就知道進退間如何拿捏。老子也有類似的看法：「無有入於無間，吾是以知無為之有益。」(〈第四十三章〉)〔註 47〕道本來就在那裡，而是使其透現，「入」字並非浸潤，而是不斷的成，無為而化成，讓它原本有的部分得以呈現，彰顯原本的有得以發揮。整個過程順應萬物性質，看似自己消失了，又能融入其中無所不在。因此道家是一門距離的美學，同時也是擁有淑世的精神，在與人相處時，能夠找到人跟他人之間得以自在的適當距離與空間感，過程又能順應萬物，當中包含洞察的慧見、識人的功夫並使其發揮。對待一對一的關係如此，對待一對多的組織運作亦是。

〔註 43〕〔清〕郭慶藩注：《莊子集釋》(新北市：商周出版，2018 年)，頁 94。

〔註 44〕〔清〕郭慶藩注：《莊子集釋》(新北市：商周出版，2018 年)，頁 62。

〔註 45〕人與人相處不論個人對個人或者個人對組織，找到彼此相處的自在空間很重要，以前筆者在醫護界工作，最怕的就是排到 on call 班，表面班表上排放假，實際是隨時待命，也就是醫院只要需要人力，半小時內來電就要立即上線，沒有出現就是失職。說真的醫療第一線是緊繃的，下班後需要完整的修復，才有更好的身心狀態面對病人及龐大的業務量，排 on call 根本無法完全休息，頂多附近走走，又要隨時注意手機，真的很硬。所以很多醫護的友人寧願住離工作地方遠一點，才不會常被排到這種不太營養，令人消化不良的班。

〔註 46〕〔魏〕王弼注：《老子道德經注》，收入於樓宇烈校釋：《王弼集校釋》(臺北：華正書局，1992 年)，頁 125。

〔註 47〕〔魏〕王弼注：《老子道德經注》，收入於樓宇烈校釋：《王弼集校釋》(臺北：華正書局，1992 年)，頁 120。

「為善無近名，為惡無近刑」(〈養生主〉)〔註48〕歷來解《莊子》學者面臨的困境是「為善無近名」容易理解，就是做好事不欲人知，那麼「為惡無近刑」難不成是做壞事不要被抓到嗎？南懷瑾先生認為：「這是莊子行文的文學氣氛，喜歡兩面一說，其實概念類通孔子《論語》裡的「大德不踰閑，小德出入可也。」〔註49〕意思是在大原則標準上，絕對不要超過範圍，小地方有時候馬虎一點是可以的。其實吾人會對原文有所揣測，極大原因是受到儒家很大的影響，常把「為善」跟「為惡」視為是一種道德上的善惡，進而用習慣性思維去理解道家。然而以道家而言，並不在道德上的罪惡跟原則來看待善惡這兩個字，道家只是把善惡回歸到它有沒有過了頭的問題，善惡跟美惡是一樣的。老子云：「天下皆知美之為美，斯惡已。皆知善之為善，斯不善已。故有無相生，難易相成，長短相較，高下相傾，音聲相和，前後相隨。」(〈第二章〉)〔註50〕美惡指的是當所做這件事情，很多人認同就叫美，當做這件事時，多數人批評則叫惡。所以為善或為惡指的是有所為後，眾人的稱許或批評，是一個現象的描述，道家關注的是面對這樣的現象，可以用甚麼樣的態度面對，老子說：「寵辱若驚」(〈第十三章〉)〔註51〕寵跟辱對於體道者而言都是非常態，今日的成就有可能成為往後的負擔。

如何讓心能有所安頓，不至於驚恐？知常曰明，用明的慧見揭破寵辱的生命情境是關鍵。人是有高度變異性的，任何的物和人相較起來，變異性都沒那麼大。而且不只一個人，若又得同時應對多人時，變異性就更大。所以老子一開始就揭露了一個事實，倘若「寵辱」彷彿指的是人離開常態，那麼「若驚」指的就是非常態，讓人有得有失。可是為何說「若」驚？老子裡面彷彿的詞語都很重要，因為是好像，所以代表不一定會。換言之，因為是好像，才有工夫可言。如果寵辱必驚那就等著驚，倘若是若驚，就可以透過工夫讓自己不要那麼患得患失。從另一個角度思考，如何在情境底下不要被得失之心給迷惑了，老子揭破迷惑用一個字去形容，就叫「明」。惑的相對就是明，老子說「知常曰明」(〈第十六章〉)〔註52〕，要知道恆常的東西是什麼，簡單講就是平常心。

〔註48〕〔清〕郭慶藩注：《莊子集釋》(新北市：商周出版，2018年)，頁91。
〔註49〕南懷瑾：《莊子諵譁》(臺北：老古文化事業股份有限公司，2007年)，頁320。
〔註50〕〔魏〕王弼注：《老子道德經注》，收入於樓宇烈校釋：《王弼集校釋》(臺北：華正書局，1992年)，頁6。
〔註51〕〔魏〕王弼注：《老子道德經注》，收入於樓宇烈校釋：《王弼集校釋》(臺北：華正書局，1992年)，頁28。
〔註52〕〔魏〕王弼注：《老子道德經注》，收入於樓宇烈校釋：《王弼集校釋》(臺北：華正書局，1992年)，頁35。

「若驚」倘若指的是得失心，得以穿破若驚的迷惑不就是知常之心，也就是明，而老子對於明的慧見，不是在書本上獲得，而是「見小曰明」(〈第五十二章〉)〔註53〕，從細微的小地方開始。換言之，生命中的一點一滴都是讓吾人重新反思的資產，因此道家是一門紮實的生命學問。

莊子承接老子洞察到人活在世上，因他人成心而有寵辱的評斷，因此如何自處以獲得身心安頓。他點出「為善無近名，為惡無近刑」的生存原則。乍看之下為善、為惡好像是兩個面向，其實不然，因為會造成兩面評價，是在更前面有做出某個行為，才會誘發他人內在的成心進行評論。因此，「為善無近名」就是不要被贊同的人推到很有名，尤其推到最有名的時候，討厭的人就相繼產生。同樣「為惡無近刑」就是不要爛到讓人厭惡至極，對自身身心造成傷害，甚至波及旁邊的關係人。掌握毀譽都不要太過激烈的因，就是不要處身在這人世間激起太多迴響，所以，道家是一門幽隱之學，又稱低調的學問。它就是悄悄的來，悄悄的去，不太刷存在感，這就是莊子奉行的原則。呼應老子的「太上不知有之」(〈第十七章〉)〔註54〕的精神，老子認為一個國君在國家的行政流程裡面，他最好處於一個最不驚擾的存在，同時要能夠處眾人之所惡，把一切的事情都安排好，就像母親一樣。莊子這個點上有些許差異，在〈應帝王〉則是講「無為名尸，無為謀府，無為事任，無為知主。」〔註55〕帝王應該不要多做什麼而驚擾萬物，可是沒有提到要把一切的事情都隨順的安排好，因為這也未必是一個帝王能夠做到的標準，所以莊子談的更是一種務實的凡人學問。

「為善無近名，為惡無近刑」衡量的標準就是扣回前面講的「緣督以為經」。與人相處過程，找到你跟我都能互通，彼此不相妨礙的那個方式，這就是判斷合宜跟不合宜的原則。因此「為善」跟「為惡」不是兩極的兩件事情，而是說明同一件事情必然引起兩面，是一個事實的描述語。〈齊物論〉也有提到「以指喻指之非指，不若以非指喻指之非指也；以馬喻馬之非馬，不若以非馬喻馬之非馬也。」〔註56〕蕭振聲先生對在指、馬之喻中概以「指之非指」、「馬之非馬」二與稱之，用其闡述莊子以萬物平齊為人生最高價值，來說明

〔註53〕〔魏〕王弼注：《老子道德經注》，收入於樓宇烈校釋：《王弼集校釋》(臺北：華正書局，1992年)，頁139。

〔註54〕〔魏〕王弼注：《老子道德經注》，收入於樓宇烈校釋：《王弼集校釋》(臺北：華正書局，1992年)，頁40。

〔註55〕〔清〕郭慶藩注：《莊子集釋》(新北市：商周出版，2018年)，頁219。

〔註56〕〔清〕郭慶藩注：《莊子集釋》(新北市：商周出版，2018年)，頁59。

對立兩端之間的等同性。〔註 57〕本文以為當用指去喻指之為非指，或者以非指去喻指之為非指，這兩個其實沒有差別。因為都在做「虛妄分別」如同「蝸牛角上爭對錯」〔註 58〕寓言一樣，意義性不大。換言之，莊子透過〈齊物論〉去揭露世間的紛擾都源自於人沒有辦法克制自己「成心」造成的批判，人很容易看到一個表象的行為，就對應內在的成心，開始進行行為背後正反兩端的評價。然而，人只要活著也不可能將成心完全解消掉，於是務實的莊子提出一個生命的追問，也就是關係存在的目的是什麼？是不斷刷存在感，引起別人過多的迴響？還是回到生命的通達？倘若任何的行為做法，都有可能擁有正反兩面的評價，那有沒有可能避開過多人際網絡的黏著，不要讓別人的評價激起太多的迴響或反應，甚至造成別人生命的困擾？莊子提出另一種低調幽隱的生存方式。每天都有人誕生在這個世界，每天也有人離開這個世界，每天都上演著許多吾人不知道的事，說真的不知道也不會造成什麼影響。所以，倘若關係的目標是通達，那麼就是吾人生命所做所為，不要激起其他人生命的波濤。在這樣的目標底下，莊子提出最美好的生活是「相濡以沫，不如相忘於江湖」(〈大宗師〉)〔註 59〕。「相忘」就是壓根子沒想到這個人，也不會覺得怪異，這就是莊子思考人在面對人之「成心」跟「是非」的時候，提供另一個生命回應的可能性。

學習老莊可在生命旅程上，用更不一樣的豁達方式生活。老子講「慈」、講「無私」、講「王公以為下」、講「太上不知有之」，都能逐漸學習如何在每段關係的碰撞，以精神層面思考最高的選擇是什麼？可以說是「通達」或「愛」。莊子講「忘」、講「相忘江湖」，讓筆者學習到如何用更自在灑脫的方式生活，若模仿的對象是人，難免還是會有所侷限，若模仿的是聖賢，老祖宗的慧見，

〔註 57〕參考蕭振聲：〈《莊子．齊物論》的指、馬之喻：批評與新詮〉，《長庚人文社會學報》第 10 卷第 1 期（2017 年 4 月），頁 159。

〔註 58〕出自莊子〈則陽篇〉，內容為：惠子聞之而見戴晉人。戴晉人曰：「有所謂蝸者，君知之乎？」曰：「然。」「有國於蝸之左角者曰觸氏，有國於蝸之右角者曰蠻氏，時相與爭地而戰，伏尸數萬，逐北旬有五日而後反。」君曰：「噫！其虛言與？」曰：「臣請為君實之。君以意在四方上下有窮乎？」君曰：「無窮。」曰：「知遊心於無窮，而反在通達之國，若存若亡乎？」君曰：「然。」曰：「通達之中有魏，於魏中有梁，於梁中有王。王與蠻氏，有辯乎？」君曰：「無辯。」客出而君惝然若有亡也。〔清〕郭慶藩注：《莊子集釋》（新北市：商周出版，2018 年），頁 611。

〔註 59〕〔清〕郭慶藩注：《莊子集釋》（新北市：商周出版，2018 年），頁 174。

格局瞬間就拔升超然起來。倘若天命之謂性，賦予我人與動植物最大的不同，就是讓我有自由意識。透過每段關係自由意識的選擇，過程發現自己的真實身分，並且回到精神的層面思考，此刻精神層面會執行的任務會是什麼？也就是說如果沒有身體形軀時，我會想做的那件事，現在就要開始做了。身體只是軀殼，生死如「麗姬嫁晉國」(〈齊物論〉)〔註60〕寓言般。當發生事件時，就優先思考，我內在神性的選擇會是什麼？若還沒想出，這時老祖宗的智慧結晶就能給予指引，幫助吾人做出當下最高的選擇。當越學習老莊的智慧，越學會保守自己的心，就越能謙卑的看待自己的真實身分。以宇宙看來我是如此渺小蜉蝣於天地，若能在這浩瀚宇宙中，活出屬於自己的自信綻放燦爛，相信也可以為這個世界帶來光和祝福。

當然人與人相處難免會有衝突產生，要解決衝突才能使流暢得以順行，如何化解衝突也是道家的生命智慧。所以，談道怎麼可能不談如何化掉衝突？因此老子說：「用兵有言：吾不敢為主，而為客；不敢進寸，而退尺。是謂行無行；攘無臂；扔無敵；執無兵。」(〈六十九章〉)〔註61〕意思是當有衝突發生時，我要做什麼？「無不敢為主」既然不是主人，那就是以客人的身分處之。「為主」指的就是面對衝突時，我就是對的，當立場相左時，每一個人都會認為自己是對的，這時候衝突就產生了。可是這種狀態就是對於勝負有技術的執著，有時還不見得有技術，可能只是勝負上的執著。因此老子認為要換個思維，不要作主而是作客的心態時，後面所有的行為才因為鬆動思維而得以轉化，方法也才會有所因應的調整。當不為主，而是客人心態時，就不會層層進逼，因為客人不可能一直要插手對方的家務事，當對勝負不執著，自然不執著非得為勝，爭到贏不可。換言之，客的意思也可以詮釋成不執著於勝，也不執著於負，甚至還能使得勝負不產生，也就是根本不要衝突，直接避開衝突。如果往前進逼對方的方式，最終只是造成衝突的持續，那麼後退一步將始得衝突不發生，這也是作客思維帶給吾人的應對方法。當不斷層層進逼時，那個衝突不可能停止，所以若一開始就回到道的核心精神，衝突不至於產生。因此第一件事就是避開容易衝突的場合，故莊子說：「為善無近名，為惡無近刑」(〈養生主〉)〔註62〕。

〔註60〕〔清〕郭慶藩注：《莊子集釋》(新北市：商周出版，2018年)，頁83。
〔註61〕〔魏〕王弼注：《老子道德經注》，收入於樓宇烈校釋：《王弼集校釋》(臺北：華正書局，1992年)，頁173。
〔註62〕〔清〕郭慶藩注：《莊子集釋》(新北市：商周出版，2018年)，頁91。

第二節　人我和諧之道的具體實踐

道家核心目標就是通達，如何在關係上獲得通達，本文以為人一輩子要面對的關係至少有兩種，一個是跟自己的關係，一個是跟他人的關係。〔註63〕與自己的關係在前文第肆章「莊子淑世精神具體實踐一：生理營衛之道」和第伍章「莊子淑世精神具體實踐二：虛心見真心之道」已經有詳盡的論述，接下來本節將針對與他人的關係進行探討。此節筆者將透過第一線的社會輔導經驗，先論析關係裡面的結構分布，提供吾人在關係議題上的整全架構。研究方法運用質性研究的訪談進行一對一的庖丁解牛案例分析，及參與觀察法進行一對多的案例分析。從中探究如何將道家的生命調性，應用於生活人己關係的不同層面。

一、關係議題的省察反思

面對人我關係議題時，莊子淑世精神實踐模組四大要領中的第一點「走在關鍵的決策」上，進行問題釐清，也就是先知道個案在哪裡？人是活的，釐清關係議題的對象及個案所站的位置後，才能有機會進一步看清楚個案的內在成心編碼，方能見機鬆動帶來轉變。

（一）面對關係對象的人數

首先釐清個案對應的關係是個人還是群體，如下表6-1。若是一對一，那疏導的方向就是由C到A，若是一對多，疏導的方向就是由D到B，原則就是回到通達，向善向上。

表6-1　為研究者整理

對　象	他人（一對一）	組織（一對多）
通達	A	B
不通達	C	D

（二）個人面對個人所站的位置

每一位個案對應客體又有其位置，體道者從聆聽個案陳述的內容當中，明

〔註63〕本章聚焦在人我關係，面對人跟環境的關係，詳見第柒章「莊子淑世精神的具體實踐四：順任社會之道」。

白造成個案困擾的場域，是家庭？還是學校〔註 64〕？還是職場？還是非營利組織？在場域中又屬於跟哪一個對象的關係？以對內家庭而言，是親子、伴侶、兄弟平輩的關係；在對外職場或非營利組織上，是上下屬、還是同事或同儕的關係？在這層關係中個案的位置又站在哪，是上還是下，亦或平輩？身分不同，承擔的責任及該說的話也有所差異，以家庭而言，親子議題中個案是為人父母或子女，處理就有所不同。伴侶議題中個案是夫或妻？或是她／他本身就是婚姻的介入者？平輩議題中，個案是兄姊或弟妹？老大和老么講的話也會有所差異。以此類推家族的身分位置。若是在職場／非營利組織場域，要去釐清個案的位置是上司或中階主管或基層下屬？同儕議題中個案的位置是朋友？同學？室友？同事？同修？同袍？閨密？當中生活緊密度的親疏關係也會影響，例如：有無和公婆住在一起？親戚間有無密切來往？同事間比較會有利益上關係？如下表 6-2。通常造成個案困擾的關係對象，不太會是路人，多為重要關係人居多，因為重要關係才會有機會緊密接觸，相刃相靡形成煩惱。因此體道者要聆聽出個案的位置是 E、F、G、H、I 的哪個位置，疏導的方向就是回到通達的 A 位。

表 6-2　為研究者整理

場　域		家　庭		職場／非營利組織／社會	
對象	父子 親子議題	夫妻 伴侶議題	兄弟 平輩議題	君臣 上下屬議題	朋友 同儕議題
個案位置	父母或子女？伯叔輩或姪子女？	夫或妻？或小三？	兄姊或弟妹？堂表近親皆算	上司或主管或基層下屬？（工作需求）	同學？室友？同事？同修？同袍？閨密？（家庭及家族之外的人際關係）
通達	A				
不通	E	F	G	H	I

（三）個人面對組織所站的位置

每個群體也有其屬性，體道者要去聆聽個案陳述的內容是屬於組織中的哪個場域？如下表 6-3。

〔註 64〕此文探討的是組織運作成效往往取決於上位者的管理能力，有效的管理是確保組織永續經營不可或缺的條件，其細節可參考筆者拙作黃蕙如：〈《孝經》管理思維融入學校組織——以「中山工商高級職業學校」為例〉，《正修通識教育學報》第 13 期（2016 年 6 月），頁 99～118。

表 6-3　為研究者整理

	組織（一對多）						
場域	家庭		學校	職場（營利組織）	非營利組織		國家
種類	原生家庭	新生家庭	國教體制	傳統產業 創意產業 業績掛帥	宗教	志工	軍職 公職 教職
個案位置	父母 兄弟 子女	公婆、岳父母、先生（太太）及其兄弟姑嫂	校長 主任 組長 教師 班長 學生	投資者 董事長 總經理 一級主管 二級主管 基層	領袖／會長／長官 中間核心幹部 中間次級幹部 中間基層幹部 一般信徒／會員／部屬		
通達	A						
不通	J	K	L	M	N		

例如：家庭、學校、職場（營利組織）、非營利組織、國家政府單位。原生家庭又和新生家庭有所差異，例如：同樣一個女性在原生家庭當女兒，跟去到新生家庭當媳婦的角色就不同；學校老師面對國小生、國高中生、大學生、甚至研究所的教授方式也有所不同；職場上有決策權的董事會和執行層面的總經理能簽核的權限也不同。甚至同一個角色位置不同也會不一樣，例如：長媳和么子的太太能講的話也有所差異。同一個角色遇到不同的對象也有所不同，例如：遇到一個嚴謹守教條的婆婆 VS 一個開放明理的婆婆；遇到一個事必躬親的主管 VS 充分授權的主管；帶到一個積極熱忱全力以赴的下屬 VS 能拖則拖藉口一堆的下屬；遇到一個什麼都打槍學生的指導教授 VS 支持學生成其所成的指導教授，也都是不一樣的。同一個角色遇到同一個對象也會有所差異，例如：當老婆叫老公親愛的、皇上吉祥、跟死鬼的稱謂，在這段關係對等上，就明顯不一樣。弄不清楚自己站在哪裡，就會有很多衝突產生，關鍵就是身分錯位，講了或做了不符合這個身分的事情，鄉土劇情也很常看到婆婆大聲用手指著媳婦說：「你現在是用什麼身分在跟我說話！？」因此，體道者須透過深度聆聽和有效提問抓到個案屬於 J、K、L、M、N 哪一個群體？個案又在組織裡的哪一個位置？進而疏導個案回到 A 的通達位置。以筆者臨床輔導經驗，通常若是關係議題，都會畫家族圖或組織圖，協助自身理解個案，同時讓個案看

到自己所站的位置。〔註 65〕

（四）團隊目標及個案的身分

釐清個案站的位置，探討其可能性後，每個群體也有其屬性，個案在組織裡位置，能否擁有決策權，也影響著對於困擾事件因應的走向。尤其面對群體時，不要把群體當作群體來看，要把群體中的個案當成是每一份子來看，逐一協調後，進而再藉由群體去激勵各個個案。換言之，道家面對群體時，不會齊平式的帶領，在面對組織的經營上，老子說：「夷道若纇」（〈第四十一章〉），夷字為平也，纇字為不平之意。王弼注：「大夷之道。因物之性。不執平以割物。其平不見。乃更反若纇衲。」〔註 66〕王弼整個點出老子闡述的精髓，說明萬物的本性是齊的，然而，若要像割稻草一樣抓平後一起除，反而無法做到真正的公平，因為萬物呈現樣貌

本就是參差不齊的。因此，以道家立場，如何讓公平得以實現？就是回到道家的目標「通達」二字，體道者協助萬物通達方式，具體來說有三種，其一用小國寡民式對待每一個客體，也就是客製化經營。其二，體道者本身的內在心態要守住平等心，看到個案內在本質相同，同時又能尊重個案上的差異性。其三，體道者在外在應對過程，運用「不平」（因應客體）的策略打破「自以為平」的執著，莊子〈齊物論〉也有呼應此觀念。

筆者借用表 6-4 說明群體與個體間的靈活切換，拿捏的掌握度是道家認為通達的關鍵。

表 6-4　為研究者整理

	關注群體	不關注群體
關注個體	A 一加一->二，展現團隊高效率	B 分崩離析，各自為政
不關注個體	C 齊頭式的調整 無法針對每一個差異性做目標	D 若無法，安之若命 選擇華麗轉身，展開新生活

〔註 65〕感謝口試委員謝君直先生建議在現代社會可加入鄰居；平輩可以再區分家族內外。在新生家庭欄位增加姻親關係，例如：岳父母、婦兄弟（大小舅子）、姨姐妹（大小姨子）等，讓表格更為完整。

〔註 66〕〔魏〕王弼注：《老子道德經注》，收入於樓宇烈校釋：《王弼集校釋》（臺北：華正書局，1992 年），頁 111。

體道者要能洞見目前來探究群體議題的個案在組織圖的位置，是有決策權的主事者？還是有影響決策的執行主管？還是只是個基層幹部？個案討論群體議題的目標是什麼？倘若個案是主事的領導者，要來探討的是組織績效的議題，體道者就要透過聆聽看到個案目前把群體帶在哪個位置，是 B、C、D 的哪一個位置。若只是基層幹部或成員，沒有決定權，就透過提問，讓個案看到自己位置上的能與不能。若是 B 位就是把群體只拆解成個體帶領，不關注到群體，那麼這個群體就容易分崩離析各自為政；若是 C 位就是把群體只是當成群體帶領，沒有關注到個體，這個群體就無法針對每一個差異性，做目標齊頭式的調整；若是 D 位就看主事者的個案是否願意進行改革。若個案不是主事者，無能力改變現況，那就是討論去或留，若無法離開也無法改變，例如：血緣之親，那就是給予安命的認知提升，讓個案接受並放下。過程體道者的目標就是協助個案從 B、C、D 位回到 A 位，讓組織運作流暢進行。

總之，當調整其差異性後回到以群體為單位聚在一起時，體道的主事者可以適度造勢，激勵群體使其有共同的目標，為組織團隊的光榮而戰。當群體分開回到單一個體時，體道主事者又能用心對待每一個個體，達人氣也達人心。兩者都能做到，這個群體就不只是個體的總和，而是產生一加一大於二，可產生驚人的績效。因此，組織動力學之所以可能，就是來自於平常體道的主事者能否在每一個個體上，都能給予足夠的情感動力，這包含信任、傾聽、支持等。這不會是一天就能立即培養，而是逐漸點滴形成的情感存摺，所以要從動態思維去了解道家，在面對不同人屬性、身分、位置的回應方式。

以家庭為例，家庭也是一個組織，人一出生第一個接觸的組織就是原生家庭，套用在上表 6-4，個案若在 A 位，就是對自己和家人關係處於最佳狀態。若在 B 位，代表家庭成員住在一起有如宿舍，沒有交集，各做各的事情，如同一盤散沙。若在 C 位，代表家庭成員一直配合家業運作，沒有關注自己，久了恐會疲乏。若在 D 位，代表有人選擇離這個家開始展開新的生活，或結束生命與此家庭再無關聯，若選擇繼續共處，就翻轉心性，學習接受並安知若命。同理可以運用在職場、企業、宗教、社團組織上。因此，讀道家一定要用動態思維去了解，因為道家是生命的學問，活生生的應用在人身上，而人都是動態的，不是書本上的學理文字，倘若只是講究客觀理性，忽略人的情感面在關係裡的關鍵性，就容易失去關係間的通達流暢。

總之，道家是門很活的學問，他抓到人是活的生命調性，人也是多樣的，所以同樣的事情，會隨著個案的個性及個案對應客體的個性，甚至彼此想要的目標而有所差異。成功的領袖之所以成功，在於他能掌握道家的靈活度，成其萬物所成，因此帶人帶心，這個心就是人性。坊間講人際溝通的書籍很多為何無法通用，因為多數講的都是術（方法），忽略了道（靈活），這絕不是紙上談兵，而是活生生的生命學問，若沒有經過人間世的「死生存亡，窮達貧富，賢與不肖，毀譽、饑渴、寒暑，是事之變，命之行也」（〈德充符〉）〔註67〕的生命淬鍊，如何通透生命？因此，道家絕對是紮實隱於市的修行者，本文之作可以回應有些學者認為老莊是消極避世的說法。換言之，當能活用老莊淑世精神，將道的通達與變通性運行人間時，方可為人我帶來了更多的柔軟及可能性。

當釐清楚個案站在哪裡後，接下來就是看個案要談論的議題，確認個案目標要去哪裡？評估個案面對關係的心態若太鬆，就給予儒家積極有為式的認知提升，面對關係心態太緊繃時，就給予道家鬆動彈性的可能性。其目標定位的理論基礎於第貳章「莊子淑世精神理論基礎」已有詳盡說明。確認目標後，開始幫助個案找到通往 A 的通達路徑。過程運用莊學實踐模組深度聆聽及提問，協助個案疏通感知及鬆動認知，釐清問題通常就解決一半，後面的設定目標及策略擬定，體道者只要做到跟隨、支持，持續保持心齋工夫，從容應對即可。

二、案例分析

上述是有關莊子淑世精神對於關係的看法，接下來本段落針對疏通個人及疏通組織的關係進行研究分析，一共分成三個環節進行，分別為：其一 E 個案「與婆家和自己工作」的議題，其二 F 個案「過度依賴姊姊」的議題，其三莫拉克災後婦幼生活重建的會談實例。逐一將三組案例運用莊子淑世精神實踐模組進行分析與歸納後，呈現在關係議題上疏通個案及組織的研究結果。

（一）案例分析一：疏通他人「愛」的議題

E 個案資料為 35 歲左右，女性，已婚，育有 2 女 1 男，其中老大為先生前任妻子的女兒，目前 21 歲就讀大學。個案目前身分為家庭主婦。

〔註67〕〔清〕郭慶藩注：《莊子集釋》（新北市：商周出版，2018 年），頁 155。

1. **模組一「走在關鍵的決策」——我在哪裡？**

個案陳述事件內容：先生是科技業的高管離職後，因為投資失利，目前已先後在外面累積積欠 400 多萬的信貸，加上每個月的開銷，家裡陷入經濟壓力。於是婚後離職 10 年的個案必須出去找工作，從兼職當廠護開始，後來決定去應徵醫學中心，薪水比較穩定。上一次輔導個案如何進行面試，隨後個案以優異成績進入醫學中心，正常班不用輪班的單位。（TE-2020-0428-1）以醫護界而言，正常班不用輪班，算是醫學中心算肥缺的部門，理當應該十分開心，然而個案甄選上後，此次來表示不是很開心，因為擔心失去自由和陪小孩的時間。很猶豫到底要去醫學中心工作？或者是繼續擔任廠護？可是廠護薪水不穩，都是簽約制，沒有安全感，又沒有保障，一年一約，跑好幾個廠，沒有歸屬感。加上婆家那邊從以前因為覺得對大女兒有愧疚感，就給予許多物質上的獎勵，對於個案生的這兩個小孩待遇就很一般，明顯呈現家裡三個孩子不對等的關係，她一直覺得很不公平。老公又是么子，在婆家總是覺得自己地位很卑微，孩子跟著她受苦，此次經濟危機，婆家表面說要出手，又直接問個案要不要拿結婚的金飾賣一賣，加上先生又要振作不振作的，讓個案覺得很心灰意冷，覺得媳婦和女兒果然還是有差。（TE-2020-0428-02）研究者進行議題釐清確認，此次探討的主題是「工作議題」和「婆家議題」。

2. **模組二「生命道路的通達」——我要去哪裡？**

R：所以，你的目標是什麼呢？（微笑）（TR-2020-0428-3）

E：站穩自己，因為比較有安全感。（TE-2020-0428-3）

R：非常好，那麼什麼能夠讓你站穩自己呢？（微笑）（TR-2020-0428-4）

E：有穩定的工作場域、錢、有工作。（TE-2020-0428-4）

R：那很明顯阿（點頭），你知道哪一個適合你啊？（微笑）（TR-2020-0428-5）

E：是沒錯，可是……。（呈現皺眉，低頭）（TE-2020-0428-5）

個案在工作議題，呈現一個「想去醫學中心又不想去」的猶疑狀態。原因來自於：擔心失去自由、陪伴孩子的時間減少。因此，體道者抓到個案成心編碼的關鍵字，「自由」和「陪伴孩子」，透過提問鬆動對方思維侷限。

3. **模組三「高瞻遠矚的智慧」——我要如何做到？**

R：現在看似的自由，能讓你維持多久呢？（點頭）（TR-2020-0428-

6）

E：（愣了一下，點頭）恩，我懂了。（TE-2020-0428-6）

R：陪伴孩子的方式，是因為愛，然而當外境必須選擇時，難道陪伴的方式只能有一種嗎？（TR-2020-0428-7）

E：不是。（搖頭，看著我，陷入皺眉思考表情）（TE-2020-0428-7）

R：只能有量？還是質也可以勝於量呢？（TR-2020-0428-8）

E：恩……。（緩緩點頭，看著我）（TE-2020-0428-8）

R：孩子知道你去工作，是因為他們，孩子會更把自己照顧好，讓你放心。同時更珍惜與你相處的時光，這不也是另一種愛的凝聚嗎？這將會是你和孩子共同成長的時刻，而且更深層喔～（微笑）（TR-2020-0428-9）

E：真的耶～我懂了～呵～（笑出）（TE-2020-0428-9）

R：所以你的目標是？（重新確認目標）（TR-2020-0428-10）

E：我要去〇〇工作，因為這樣才會站穩自己。去醫學中心工作，有穩定的工作場域、有錢、有穩定工作，都能讓我獲得安全感。（TE-2020-0428-10）

R：非常好！恭喜你～說說你的收穫吧。（TR-2020-0428-11）

E：你剛才問我自由能維持多久，有打到我的內心，讓我驚醒。不論面對家裡的經濟和婆家的對待，現在我最想要的是站好我自己，沒錯。（TE-2020-0428-11）

透過有效提問：讓個案自己從「想去〇〇醫院又不太想去的猶疑狀態」移動到「開心去〇〇醫院」的位置。讓個案往她想去的目標前進。

4. 模組四「內外辯證的實踐」——我要如何處世？

R：對嘛～宇宙都給你最想要的，還在那邊推拖拉，我如果是宇宙下次就不太想給你了，哈哈～（幽默開個玩笑，轉換氛圍）（TR-2020-0428-12）

E：哈哈～別這麼說嘛～（開心的表情）（TE-2020-0428-12）

R：那你要怎麼讓宇宙感受到你開心的接受豐盛呢？（TR-2020-0428-13）

E：恩～我要帶孩子去吃大餐，耶！（開心的表情）（TE-2020-0428-13）

R：非常好，不只要慶祝，還要大大慶祝，讓孩子以媽媽為榮。（微笑）（TR-2020-0428-14）

E：哈哈～對！沒錯！（表情極度開心）（TE-2020-0428-14）

R：記得跟小朋友分享，從你面試時一開口的自我介紹後，其他護理人員下巴掉的情況，一定很好笑！孩子一定覺得媽媽好強！（TR-2020-0428-15）

E：哈哈～沒錯沒錯～（自信起來，表情轉為柔和）哈哈哈～下巴掉下來～這個真的好好笑！（改變狀態）人家可是有頂尖老師秘密指導。（笑到捧腹）（TE-2020-0428-15）

R：非常好！帶孩子大大慶祝，激勵自己也鼓舞孩子。聚餐過程可以分享你設定目標達成目標的過程，準備考試、面試克服緊張、到後來知道錄取喜悅的心路歷程。讓孩子明白這就是設定目標達成目標的過程，當中會有恐懼不安是正常，也都是過程。未來孩子經歷往目標前進的過程，也會憶起媽媽曾傳遞給他們的勇敢～（TR-2020-0428-16）

E：恩恩～沒錯，沒錯～太好了！我從沒想過這也是一個機會教育的好時機。（TE-2020-0428-16）

R：另外，也可以分享自我介紹的內容，讓孩子明白媽媽在做什麼？媽媽的專業領域是什麼？媽媽在專業領域的傑出表現，讓他們認識除了媽媽角色，另一個在職場身分傑出表現的你。（TR-2020-0428-17）

E：恩恩～真是太棒了！收穫好多～（TE-2020-0428-17）

確認目標也排除往目標前進的障礙後，提問：「要怎麼讓宇宙感受到你開心的接受豐盛呢？」藉此陪伴個案擬定強化目標的行動策略。研究者關注的是個案整全的人生，因此同時見縫插針的提升個案親子機會教育的認知。透過家庭身教的價值觀傳遞，讓個案回到家庭場域，也能夠在媽媽這個角色上，更有一份成就的自我價值感。不只如此，研究者更適度激勵個案重建歷經 10 年回到職場的自信心。

接下來進入第二個庖丁解牛的環節，「婆家議題」：（夫家對於三個孩子的差別對待和兒子媳婦的對待不同）

R：從「婆家大小心，不公平的事，層出不窮」這件事，你學到了什

麼？（TR-2020-0428-18）

E：我不能像以前那麼單純，什麼愛都給，有什麼困難我總是第一個跳出來，錢、時間心力等。我現在要懂得保護自己還有我自己的孩子。（TE-2020-0428-18）

R：非常好，保護自己後，還能不能像以前一樣的大愛展現呢？（TR-2020-0428-19）

E：愣一下。（TE-2020-0428-19）

R：留意你設定進去的編碼，這將會影響你接下來十幾二十年的人生。有些人過度保護自己後，就變得封閉自己，不太相信別人，不敢再給愛了～（TR-2020-0428-20）

E：陷入思考。（TE-2020-0428-20）

R：你本是就是一個充滿愛的人，如何保有自己，又能做到兩不相傷呢？也就是做自己又能不傷他人？（TR-2020-0428-21）

E：恩～我懂了～保護自己是在物質層面。（TE-2020-0428-21）

R：太棒了！很好喔。（TR-2020-0428-22）

E：恩恩，也就是我在精神層面上還是可以繼續愛人，然而我要在物質上懂得保護自己。（TE-2020-0428-22）

R：太棒了，恭喜你！你很有慧根及福氣，這個議題我學了 10 年。（TR-2020-0428-23）

E：那是因為有你～謝謝你阿～（TE-2020-0428-23）

R：有緣有緣。（TR-2020-0428-24）

E：謝謝你阿～（TE-2020-0428-24）

一開始透過提問協助個案跳脫問題框，萃取事件後的體悟，個案下了一個「要懂得保護自己和孩子的結論」，因此研究者透過正言若反的提問，讓個案留意事件後下的成心編碼的是否會造成失衡？道家關注的就是將變未變一開始的誘發思維，也就是成心編碼，思維若有造成生命堵塞，就需要調整到個案回到生活場域，面對關係議題時能夠流暢。此時個案對於愛的議題，從見山是山（我以前都是傻傻的愛）→到見山不是山的愛（我付出這麼多，他們怎麼可以這樣，媳婦不可能變成女兒，對待孩子永遠有分別、拜拜就醫什麼雜事都要我，我要懂得保護自己和小孩）→見山又是山（我一樣還是可以愛人，對我的夫家和先生展現愛，只是我要學會在物質上面保護我自己和小孩）的位置。

R：非常好，那麼你知道要怎麼在物質上拿捏嗎？（TR-2020-0428-25）

E：謝謝你，就是若我先生要我拿結婚的金飾或孩子的教育保險費出來還債務，我就不拿出來，因為婆家其實是有能力的。但我現在有一個疑問，之後工作的薪水，他如果要我拿出來，我要如何拿捏呢？（皺眉）（TE-2020-0428-25）

R：工作薪水的比例分配，現在討論還太早，因為外境是會變的，一切的決定要看夫家的處理方式和先生工作，所以那或許是下一次見面討論的議題。（TR-2020-0428-26）

E：恩恩～了解～（TE-2020-0428-26）

R：那今天回去知道要做什麼了嗎？（TR-2020-0428-27）

E：帶孩子去吃大餐，慶祝享受豐盛～（TE-2020-0428-27）

R：沒錯，太棒了！我支持你～（微笑）（TR-2020-0428-28）

E：太好了，謝謝你～（微笑）（TE-2020-0428-28）

對於愛的課題，個案成心編碼的位置「從不懂什麼是愛」走到「懂什麼是愛」的位置，下一步就是去體會經歷什麼是「愛」，當「知道」又「做到」才是真的在愛的課題裡完整。透過提問個案將「物質上保護自己和小孩的信念」轉成行為，界定出有關自己現有的流動資產及孩子教育保險費要守好。針對薪水分配問題，道家是時和位的學問，不同時機點，外境的變化，討論的會不一樣，因此暫且不論，最後激勵個案專注於目標前進。

（二）案例分析二：疏通他人「過度依賴姐姐」的議題

F個案，10歲，就讀國小四年級，媽媽表示個案很喜歡黏著小五的姊姊，什麼都要跟她在一起，洗澡、吃飯、讀書，若姊姊沒有要上樓，她也跟著不上樓。媽媽覺得這樣過度依賴姐姐不好，姊姊即將上國中，之後就不能這樣陪她了。

1. 模組一「走在關鍵的決策」——我在哪裡？

F個案是由媽媽轉介而來，非個案自願，故研究者一開始花比較多時間和小朋友建立親和感，並在運用莊子淑世精神實踐模組前，確認個案意願，因為其意願會決定模組能否前進？在彼此達成意願確認後進行庖丁解牛，一問之下得知小孩會黏著姊姊的最大原因，並非媽媽說的依賴姊姊，而是覺得家裡有鬼。她會看到家裡有小黑黑（鬼的簡稱），她會怕（表情皺眉搖頭）。研究者詢問小黑黑在哪裡？她說有時會躲在樓梯轉角旁，有時候會在衣櫥的角落，所以她不敢一個人在樓上或洗澡。（TF-2020-0324-1、TF-2020-0324-2）

2. 模組二「生命道路的通達」——我要去哪裡？

R：偷偷告訴你（睜大眼睛），阿姨有辦法處理小黑黑，你願意試試嗎？（TR-2020-0324-3）

F：怎麼可能阿？（懷疑表情）（TF-2020-0324-3）

R：真的拉～就看你要不要試試，阿姨可以幫你喔～（TR-2020-0324-4）

F：若可以，當然好啊～（點頭）（TF-2020-0324-4）

個案依賴姊姊的主要原因是因為她認為家裡有鬼（代稱：小黑黑），因此不敢一個人上樓或洗澡。透過提問確認個案意願，目標就是處理掉小黑黑。

3. 模組三「高瞻遠矚的智慧」——我要如何做到？

R：你最近一次看到小黑黑，他在哪裡？（TR-2020-0324-5）

F：就在衣櫥哪裡跑來跑去阿～（TF-2020-0324-5）

R：好，那你能形容一下，那個小黑黑長怎樣嗎？（TR-2020-0324-6）

F：蛤～要想他喔～就黑黑小小的阿。（用手比約手掌大）（TF-2020-0324-6）

R：他是動來動去（搖擺身體），還是靜靜的在那邊？（TR-2020-0324-7）

F：他動來動去。（TF-2020-0324-7）

R：若有一個方法，可以讓他不要動，你會用什麼方法呢？（TR-2020-0324-8）

F：（皺眉想了一下，開心的說）我會拿起魔法棒點一下他。（TF-2020-0324-8）

R：恩～非常好喔～（點頭並肯定）那你現在閉上眼睛，想像你手上有一根魔法棒，並用魔法棒點一下那個小黑黑，我們來看看會發生什麼事？（TR-2020-0324-09）

F：（閉眼，依照指令進行，一會兒後笑出）嘿嘿～他現在定在邊不能動了。（TF-2020-0324-9）

R：哇～非常好喔～若有一個方式可以把他變小，你會用什麼方式呢？（TF-2020-0324-10）

F：我會用大槌子槌扁他。（堅定的語氣）（TF-2020-0324-10）

R：哈，好喔～那妳試試。（TF-2020-0324-11）

F：（一邊動作一邊笑）哈～好好玩。（TF-2020-0324-11）

R：扁了嗎？（好奇表情）（TR-2020-0324-12）

F：恩恩～現在他變成薄薄的一張紙。不過他還會對我笑，好可怕喔～（皺眉）（TF-2020-0324-12）

R：恩～（點頭）那如果現在有一個方式可以把他送走，你會想要怎麼做呢？（TR-2020-0324-13）

F：我會拿一個釣魚竿把他勾住，甩到外太空。（眼睛發亮）（TF-2020-0324-13）

R：哇嗚～（笑出）聽起來不錯喔！那你試試看。（TR-2020-0324-14）

F：（一直笑）我甩了好幾圈後，往後丟到外太空了。（TF-2020-0324-14）

R：哈！（大笑的表情）聽起來很過癮，非常好喔～（TR-2020-0324-15）

F：可是～（皺眉）他現在又被釣魚竿彈回來了。（害怕表情）（TF-2020-0324-15）

R：真假？那怎麼辦呢？（心想這小朋友真有戲）（TR-2020-0324-16）

F：沒關係，我現在用手將他撕成碎片，放入百寶箱，丟入海底世界，現在有一條大魚過來把他吃進肚子裡，然後魚游走了。（音量變大，越講越興奮）（TF-2020-0324-16）

R：哇～那真是太棒了！（拍手）恭喜你耶！現在還看得到小黑黑嗎？（TR-2020-0324-17）

F：就跟你說他被大魚吃掉游走了阿。（TF-2020-0324-17）

R：太棒了～小黑黑不見了～那現在請你睜開眼睛喔～（TR-2020-0324-18）

F：（睜開眼睛一副探險回來一樣）好好玩喔～（TF-2020-0324-18）

R：現在還會怕小黑黑嗎？（TR-2020-0324-19）

F：（搖頭）不會了，因為他走了阿～（TF-2020-0324-19）

當個案表示自己怕鬼時，研究者當下決定用內感官調整個案對於小黑黑的恐懼。小孩的想像力比一般成年人往往來的大，只要稍微起個頭，小孩的想像力就會如同自動導航般，開始進行自我處理。當中掌握道家靈活通達的生命調性，不管怎麼處理，重點結束小孩對於小黑黑的恐懼感消失了。因此這個環節算處理的很快，10 分鐘就結束了，反而是一開始建立親和感較久。

4. 模組四「內外辯證的實踐」——我要如何處世？

R：哇～你真是太厲害了！（拍手加鼓掌）今天我們學到了一個處理小黑黑的方法，你還記得嗎？（TR-2020-0324-20）

F：不太記得了耶～（搖頭）（TF-2020-0324-20）

R：就是一開始用魔法棒阿～（做手拿魔法棒手勢）（TR-2020-0324-21）

F：對！對！先用魔法棒定格，槌子槌扁他，再用釣魚竿將他甩到外太空，甩暈他，再將他撕成碎片放進百寶箱，丟到海底世界讓大魚吃掉。（TR-2020-0324-22）

R：恩恩～非常好喔～那你就記得，若還有其他小黑黑，你就用你講的這個步驟，處理他，讓他嚇死。（微笑）（TR-2020-0324-23）

F：對～沒錯～（發亮的眼睛）（TF-2020-0324-23）

R：哇～聽起來鬼都不敢來你家了，太恐怖了！你比他還恐怖～（TR-2020-0324-24）

F：哈～哈～哈～對！我比鬼還恐怖～哈哈～（得意表情）（TF-2020-0324-24）

最後研究者用輕鬆好玩的方式，與個案擬定行動策略，也就是 1. 魔法棒將小黑黑定格。2. 槌子槌扁他。3. 用釣魚竿將他甩到外太空甩暈。4. 將他撕成碎片放進百寶箱。5. 丟到海底世界讓大魚吃掉。擬定完策略，個案從「害怕」的感知移動到「得意」小黑黑若再來要他好看的感知狀態，最後下後催眠暗示「你比鬼還恐怖」建立個案信心，回去再請家長繼續留意孩子的情況。有關 E 個案「與婆家和自己工作」的議題，其二 F 案的「過度依賴姊姊」分析結果，統一在第玖章對於案例分析做一個總結式說明。

（三）社會關懷的輔導成果：以莫拉克災後婦幼生活重建為例

本段落嘗試以莫拉克風災重建為例，運用人文學科中的莊子淑世精神為主軸，將所學深根在地，實際應用於林邊災後重建的婦幼部分。為何場域聚焦在林邊？儘管八八水災涵蓋了屏東、高雄及台南，然而筆者醫護背景在屏東，以及在沒有任何金援贊助的情況下，能夠訪談參與的活動範圍有限。基於論文表現的客觀性及學術性，本文直接鎖定屏東林邊方面的研究，此即研究範圍限制。筆者在過程中不只在心靈層面上對林邊婦女進行療癒陪伴，更在實際經濟層面上，協助開拓一條屬於她們的重建之路，重返生命的通達。綜合以上，本研究的目的為：1. 瞭解莫拉克風災林邊婦女在重建路上的療癒歷程。2. 探討莫拉克風災林邊婦女在重建路上經濟自主的初步成果。3. 探討莫拉克風災林邊婦女在重建路上可能面臨的挑戰。以下將進行相關文獻探討，並採參與觀察的研究方法，嘗試將莊子淑世精神實踐模組應用於莊子淑世精神的具體實踐。

1. 八八風災對屏東縣造成的影響

行政院莫拉克颱風災後重建推動委員會於2012年統計莫拉克颱風於2009年8月7日侵襲南台灣，造成屏東縣50年來最嚴重的災情，據行政院資料顯示莫拉克颱風三天內所降下雨量高達2700公釐，超過250年的洪水頻率，因莫拉克颱風而死亡及失蹤人數共有699人，而財產損失估計為279億新台幣。光屏東縣境內就有18個鄉鎮市受到颱風的衝擊，包含林邊、佳冬、東港、新園、枋寮等沿海鄉鎮；屏東、潮州、南州、崁頂、新埤、九如、高樹、萬丹、竹田等一般鄉鎮；以及三地門、霧台、來義與牡丹等原住民鄉。受害家戶數達3萬4000戶，而受水災、風災及其引發之土石流、地層崩塌，造成橋梁及道路的損害亦非常嚴重，特別是養殖漁業的損失更為嚴重。另屏東縣死亡者 31人，失蹤19人，疏散撤離3,813人，收容災民1,495人，其中以佳冬鄉588人最多，其次為三地門鄉 430 人以及霧台鄉 341 人。另外，房屋毀損共計 199件。〔註68〕此衝擊重創屏東縣，無數人生命及財產遭受極大威脅，災後屏東縣政府結合當地民間團體第一時間投入救災，協助民眾家園重建的工作。整個過程研究者參與其中（圖6-1、圖6-2、圖6-3、圖6-4），並於短時間個人募資100萬，跟隨慈善團體投入賑災。

隨著風災至今邁入11年，硬體設施建立皆已建構完成，然而，這僅只是家園重建工程起步，有關民眾生計、就業及文化重建實為接續之重要目標。眾

〔註68〕〈地方政府重建資訊〉:《行政院莫拉克颱風災後重建推動委員會》網站，2013年8月9日，網址：http://morakotdatabase.nstm.gov.tw/88flood.www.gov.tw/index.html（2020年2月2日檢索）。

多重建實施過程對於女性災民的關注以及照顧，仍因缺乏性別敏感度的政策而無法落實，女性的經驗與觀點始終被邊緣化，只能依靠基層的民間組織提供來自其他性別視角的協助。〔註69〕女性所處的社會環境與長期的社會化歷程，使得女性缺乏足夠的資源與權力，在面對天然災害襲擊的時候，無法有足夠的資源面對，甚至長期處於天然災害的影響，而無法復原。〔註70〕因此，以性別觀點，如何協助女性提升自主能力達到家庭的平衡與自身的安頓，是本文所關注的重建面向。

圖6-1　民國九十八年莫拉克風災賑災現況

圖6-2　民國九十八年莫拉克風災賑災現況

圖6-3　民國九十八年莫拉克風災賑災現況

圖6-4　民國九十八年莫拉克風災賑災現況

（二）女性家庭角色的負荷

女性在家庭中常扮演主要照顧者，面對孩子教養，總是需要花費更多的心力和時間，加上自身工作、事業壓力、家庭伴侶、婆媳關係經營的多重角色下，

〔註69〕田靖：《女影再現：八八風災後原住民婦女形象研究》（新竹：清華大學臺灣文學研究所碩士論文，2017年），頁32。

〔註70〕劉珠利：〈臺灣天然災害受災女性經驗之探討〉，《行政院國家科學委員會專題研究計畫成果報告》，（臺中：東海大學社會工作學系，2006年1月），頁21。

往往蠟燭多頭燒無法負荷，導致女性身心疲憊的狀況產生。另一方面，家中成年女性通常扮演就是承上啟下的角色，當成年女性身心失衡時，對上影響到老一輩，對下牽及到新生代，容易造成家庭整體間的失衡。當然一個時代性的問題，不可能只是從家庭單一結構產生，然而家庭卻提供一個很好的警示，因為它就是一個小型社會的縮影。當家庭面臨經濟安全問題，為了養家糊口又必須忙於賺錢負擔生計的家長，在親職與工作兩頭燒的情況下，女性所要承受的壓力相對比男性更大。為了生活溫飽和提供子女物質上的照顧，疲於工作的職場婦女經常忽略孩子的情緒需求，也很難與孩子建立親密的互動關係。無論是經濟、健康的照顧，或是家庭生活中的互動與關懷，皆可能因此延伸出各種兒童及青少年發展的問題，甚至進一步影響整個社會。趙善如先生指出家長對家庭投入心力是影響生活品質的首要關鍵，其次才是維持家居生活與養育兒女的財務資源。〔註 71〕因此，家庭成員即便處於不利環境，仍然有機會透過本身、家庭或環境的互動，發展並累積家庭資源來提升生活品質。

不只如此，Beltran 學者指出隔代教養是由許多社會因素所形成的，例如：兒童雙親死亡、離婚、分居、再婚、遺棄、無足夠經濟能力撫養（失業）、外出、工作、感染愛滋病、孩子母親未婚懷孕、或孩子雙親受到監禁等，使得祖父母在自願或非自願的情形下，負起照顧孩子的責任。〔註 72〕按理說應該享天年的祖父母卻在此時成了代理父母，全天候的扶養孫子，在經濟、健康、社交、情緒、思想、親職等議題皆面臨極大挑戰。同時兒童也會在隔代教養的家庭中，縱然知道祖父母為他們犧牲付出，仍覺得自己被背叛、拋棄，不經意在情緒上會感到失落、拒絕、憤怒與害怕，故較難與祖父母建立較健康的關係。〔註 73〕兒童也因為情緒因素，在學校中容易產生適應不良的情形，對其人際關係和學業成就會產生相對性的影響。以兒童而言，家庭中父母與孩子的親密關係是不可忽視的，父母給孩子一致性的支持，有利於累積孩子成長的社會資本，所以個體的一生深受家庭影響。尤其在小學階段，兒童的人格特質和學習態度無不反映著家庭文化的烙印，更具體的表現在他的學業成就上。面對家庭結構的改

〔註 71〕趙善如：〈家庭資源對單親家庭生活品質影響之探究：以高雄市為例〉，《臺大社會工作學刊》第 13 期（2006 年 6 月），頁 109～172。

〔註 72〕Beeltran, A. Grandparent’s children & youth nonfiction families. Family Life, 2001, p.559~563.

〔註 73〕張耐：〈老少配祖孫情——祖父母家庭親職教育方案〉，《師友月刊》第 422 期（2002 年 8 月），頁 41～44。

變，隔代教養家庭的增加，對隔代教養兒童而言，祖父母取代原先父母的角色及工作，包括心理支持、經濟支援及教養等。因此，祖父母對孫子女的自我認同、自我發展、與價值觀等仍有相當大的影響力。換言之，在照顧者的角色上，以隔代教養的兒童而言，雖然父母的角色由祖父母取代，但家庭還是其生活的主要場所，家庭成員與隔代教養兒童間的親子互動，顯然皆是值得關注的議題。研究者綜觀研究家庭問題的文獻中多從社會角度、經濟角度、還有跨國婚姻等探討社會的議題，但這些社會議題同時也跟公民的身心狀態失衡有關，而這些失衡現象都必須從家庭著手。Cohen et.al 學者認為家庭之間的情感連結、家庭價值觀等家庭內部系統資源能有助於解決家庭危機事件，減輕危機事件對家庭帶來的衝擊。〔註 74〕因此，站在家庭復原力的角度，本文嘗試聚焦「女性生計」，協助災後林邊婦女展現經濟自主的行動力，並從中凝聚家庭內部系統，增進情誼，提升生活滿意度。

（三）研究方法

本研究以「參與觀察法」進行資料蒐集，在參與觀察過程裡也與訪談方法交互並用，將所得資料進行歸納，試圖分析前其概念樣貌。研究者實地參與林邊婦女災後重建志願服務，透過近距離觀察以及訪談，更深入瞭解災後微創業婦女及孩子的心路歷程。本研究問題為：1. 瞭解莫拉克風災林邊婦女在重建路上的心路歷程為何？2. 探討莫拉克風災林邊婦女在重建路上經濟自主的具體作法？3. 探討莫拉克風災林邊婦女在重建路上可能面臨的挑戰？本研究訪談重點放在意願經濟自主的婦女及幼童，透過與個案進行訪談與參與觀察的詮釋分析促成交互檢證，企圖了解重建過程的歷程、遭遇挑戰及未來期望。基於此議題，研究者聚焦一戶「以家庭為主又想透過多份收入改善家計」的 2 位災後重建青年婦女、「隔代教養必須透過多元收入貼補家計」的 1 位災後重建的中年婦女及 7 位災後重建的幼童為個案樣本。在研究參與者代號上，代號定為 L（林邊：Linbian），3 位成人代號分別為 L1、L2、L3。成人的孩子代號為 L1-1，成人代號的孫子為 L3-01。本文會談個案一共有 10 位，分別為：L1、L1-1、L1-2、L2、L2-1、L2-2、L2-3、L3、L3-1、L3-2。觀察樣本名單如下表 6-5：

〔註 74〕Cohen, O., Slonim, I. & Leichtentritt, R. D., Family Resilience: Israeli Mothers' Perspectives. *American Journal of Family Therapy*, 30(2) 2002, pp.173~187.

表 6-5　觀察對象一覽表

代　號	類　別	年　齡	性　別	職　業	概　況	取樣考量
L1	林邊鄉民	38	女	家庭主婦	育有兩子	個案代表
L1-1	林邊鄉民	13	女	學生	國中一年級	個案代表
L1-2	林邊鄉民	11	女	學生	國小五年級	個案代表
L2	林邊鄉民	36	女	家庭主婦	育有三子	個案代表
L2-1	林邊鄉民	12	女	學生	國小六年級	個案代表
L2-2	林邊鄉民	11	女	學生	國小五年級	個案代表
L2-3	林邊鄉民	7	女	學生	國小一年級	個案代表
L3	林邊鄉民	62	女	兼職主婦	扶養兩個孫子	個案代表
L3-1	林邊鄉民	13	女	學生	國中一年級	個案代表
L3-2	林邊鄉民	11	男	學生	國小五年級	個案代表

在蒐集資料的編號上，第一碼為研究參與者，以代號表示，第二碼為資料蒐集日期與意義單位，例：1201，則表示為 12 月 01 日所蒐集資料的第一個意義單位。TL1-2019-12-01 即表示該資料為 2019 年 12 月 01 日會談 L1 之第一個意義單位。有關災後改善生計議題，研究期間自 2018 月 11 月至 2019 年 12 月，個案在研究者協助下一共進行三期計畫，第一期計畫自 2018 年 11 月至 2019 年 04 月，為第一階段的手工品研發及零售。第二期計畫自 2019 年 05 月至 2020 年 01 月，為第二階段手工品研發及零售。第三期計畫分別為 2019 年 12 月 14 日和 2019 年 12 月 15 日兩場當地市集擺攤。

（四）研究結果

在研究時間與研究經費有限下，質性研究往往比大量的郵寄問卷來的更有效率與效能。本研究屬於探索性研究，目的透過實際參與觀察探究災後婦女重建的歷程及挑戰，進行訪談可直接觀察到受訪者的非言語表情及行為，並可直接針對議題做延伸。因此，實際參與中的訪談可有助了解道家「HOW」的追問，以獲得所需的關鍵參考訊息。以下將依照「莊子淑世精神的實踐模組」中「走在關鍵的決策」、「生命道路的通達」、「高瞻遠矚的智慧」、「內外辯證的實踐」四個面向進行整合分析，展現各階段進行的成果。

1. 模組一「走在關鍵的決策」——我在哪裡？

生命走在關鍵時刻往往須面臨選擇，道家是個重視「時」和「位」的學問，因此，事件發生第一個應先釐清發生了什麼？拼湊問題的樣貌。也就是先清楚我正站在哪裡，定位 A 點出來才能進一步思考要往哪個 B 點方向前進。

（1）天災突發事件

L1：我當時在外地，看到每一台新聞都有報導林邊，我很擔心，那時孩子又還小，一個不到一歲，一個才一歲多。（TL1-2018-11-16-1）

L2：那是一個可怕回憶，林邊河堤崩塌，從衛星地圖空拍都看不到路，只有汙泥和水。我當時不到一歲的孩子腸病毒住院，在醫院看到新聞我很擔心又只能這樣。（TL2-2018-11-16-1）

L2-1：停電關係一到晚上都會點蠟燭，樓下淹水，所有人都在阿公的房間，每天很早就睡了。（TL2-1-2018-11-16-3）

L3：那天附近河堤崩掉，水大量湧入我家，先生當時還在一樓，石頭隨著水沖進來擊破一樓玻璃門，還造成鐵門扭曲。我們一共被困十幾天，沒水沒的煮。前三天停水停電，三天後水比較退，要洗澡、洗衣服……。不到一歲的孫子，他有先天疾病，又感冒，我很擔心。（TL3-2018-11-16-3）

都遇到了，不然怎麼辦？就是接受，然後做。（TL3-2018-11-16-6）

L3-1：那時候樓下淹水我們都在三樓，弟弟還小又感冒發燒，阿嬤很擔心。（TL3-1-2018-11-16-2）

在莫拉克風災發生的當下及事後，個案面臨選擇有「內在心境」及「當下處境」，發生了天災我要用什麼心情面對？在外地要不要回去幫忙？孩子、孫子生病又遇上天災？面對災後民生問題選擇？（洗衣服、洗澡、吃等）面對整頓家園的清理問題？

（2）生命歷程

L1：我結婚前有工作，婚後有小孩，就要以家庭為重。（TL1-2018-11-16-7）

以前工作在高雄我就會想要通勤，因為覺得離父母太遠。我先生常笑我：「你是要回家找你母阿吃奶喔！」（台）（TL1-2018-11-16-8）

L1-1：林邊常常淹水，那時候媽媽常說要回阿嬤家。（TL1-1-22018-

11-16-2）

L2：八八水災後很多人都搬走，很多屋子都貼著售字，很多人都叫我媽搬。（TL2-2018-11-16-9）

結婚後就辭掉工作從高雄搬回屏東。（TL2-2018-11-16-10）

家庭主婦的事情很多，每天都有一定要做的事，我都要等到晚上孩子都睡了，我洗完衣服，最後才會有屬於自己的時間（TL2-2018-11-16-15）

L3：淹水後很多人都搬離開林邊，房價跌到極點，沒人要買。（TL3-2018-11-16-8）

在幾個重要的生命階段也會面臨選擇，原本有工作的個案，在結婚人生階段，開始面臨「工作」、「家庭排序」、「經濟」、「居住環境」等議題。開始考慮是否繼續？在婚後又有小孩後，面對自己、先生、小孩的時間排序？面對經濟開銷時，要去找工作或繼續帶小孩？看到鄰居陸續遷移，面對要不要繼續留在林邊還是搬家？

2. 模組二「生命道路的通達」——我要去哪裡？

目標很重要，也就是我要什麼？每個目標背後都有價值觀影響個案的選擇，對應在個案的生命情境上，進行分析。

（1）天災突發事件

L1：孩子還小一個不到一歲，一個一歲多，阿母說林邊現在都是泥濘，車子都要停外面，帶孩子不方便，叫我把孩子顧好。我雖然很擔心，但好像也只能暫時這樣。（TL1-2018-11-16-2）

L2：孩子當時剛一歲多，腸病毒住院，災區停電停水，醫院有電也有供水，所以，決定先穩定自己待在醫院，等水退後，看情形再回去。（TL2-2018-11-16-2）

回去家裡都是泥巴，現在那條水淹的線都還留著，清了很久，丟掉很多家具。我算還好，我同學整理家裡時，一邊丟棄家具一邊哭。（TL2-2018-11-16-3）

L2-1：吃完便當後，阿公都會搞笑說故事給我們聽，讓我不會害怕。（TL2-12018-11-16-1）

水退後，阿爸都帶我們輪流去有地下水的朋友家洗澡。（TL2-2018-11-16-2）

L3：停電停水那幾天，都是吃志工送來的便當，外面都是泥濘，在裡面拿桶子綁繩子，由窗戶往外吊下來接便當。水逐漸退後，家裡沒水，還是得洗衣服，於是我就涉水去附近公園抽地下水洗衣服，洗澡說真的，就去買水，然後用擦的而已，簡單就好。水逐漸退到膝蓋以下後，有志工來，開始發放生活用品，衛生紙、掃把等。水整個退了，就發消毒水之類的。當時孫子又感冒，我很擔心，最後請求支援，國軍還坐救生艇來帶孫子去醫院。都遇到了，不然怎麼辦？就是接受，然後做，平安就好。一直清一直清，就一個字「累」～（TL3-2018-11-16-7）

L3-1：阿嬤很辛苦，如果可以我都會幫忙……。（TL3-1-2018-11-16-3）

當發生天災時，三位婦女個案價值觀的排序都是孩子及孫子為優先考量，L1 個案決定先將孩子安置他處，L2 個案將小孩安置在醫院資源較多的環境，L3 個案請求國軍支援協助孫子就醫。安頓好後，接著解決民生議題，克服伙食、洗澡、洗衣服、清理整頓家園等議題，價值觀以「維持基本需求」為主。整個過程的心態有擔憂、疲憊的情緒，會用「平安」的價值觀讓自己接受突發事件，同時有先「穩住自己」、「就是接受，然後做」、的信念支持自己度過生命關卡。L2-1 和 L3-1 分別模仿大人「樂觀」與「接受」的心態，過程配合大人的一切行動。

（2）生命歷程

A. 結婚

L1：我很黏家裏，婚後我也常回來家裡住幾個禮拜或幾個月，最後就搬回林邊租房子在附近了。我先生 OK，他也是很重家庭的人。（TL1-2018-11-16-9）

目前我以家庭為重，因為沒工作沒賺錢，家裡沒什麼地位，先生孩子都這麼認為我，每次要做什麼，我先生就跟孩子說：媽媽，沒有工作，叫媽媽做～我知道那是玩笑話，就可以知道他們的認定。不過若要我說我會把自己排前面，因為我覺得家庭主婦很偉大，什麼都要會！（大笑）（TL1-2018-11-16-10）

L2：搬回家裡住，不用租金也可降低許多生活開銷。（TL2-2018-11-16-11）

婚後以家為重，尤其有了小孩，重心真的都會在孩子身上，然而孩子生多個，開銷真的很大，曾經經濟軋不過來時，我也很想把金飾賣掉，但還是撐過了。（TL2-2018-11-16-13）

L1 個案價值排序，雖說會將自己擺前面，然而言語表述及行為決策的順序，不論婚後的住處或是否工作，明顯以「家庭」為主，家庭當中又以先生、小孩、媽媽為主排列，最後才是自己。經濟因為目前仰賴先生，故會以先生為主，訪談過程，L1 個案講至此時，表情也沒有任何的不悅及排斥，故在做法上 L1 在家庭角色關係中有獲得平衡。L2 個案在居住地選擇以「金錢」為考量，回到鄉下的開銷會小於都市。當金錢和孩子價值觀衝突時，L2 個案會選擇寧願經濟拮据，以陪伴「小孩」成長為重。同時也可看見經濟穩定是 L2 個案的安全感的基石，在安頓孩子後，經濟穩定與否會是 L2 個案下一個選擇的關鍵。

B. 教育小孩

L1：我想要自己帶的原因是，拿錢請保母不划算之外，也不放心，所以就自己帶。我比較擔心安全問題。（TL1-2018-11-16-10）孩子快樂比較重要。（TL1-2018-11-16-11）

我比較碎碎念，重心會在小孩身上，夫妻出遊我會一直打電話回來問我孩子現在在幹嘛。（TL1-2018-11-16-12）

L2：因為我覺得給孩子精神上的東西更勝於物質上的。現在小孩觀念偏差很嚴重，同學間會相互比較，才國小生鉛筆盒打開全部都是無印良品的筆。有的說：「我媽不常陪我，就會買很多東西滿足我，你有嗎？」我都跟我的孩子說，我們有就好，若一直都是要比，比不完，會變成太貪心。（TL2-2018-11-16-16）

等到晚上孩子都睡了，我洗完衣服，最後都會給自己兩個小時時間沉澱，畫畫或縫補手工品，通常都是熬夜，可是那時候我才會覺得自己真正放鬆到。（TL2-2018-11-16-17）

孩子越大上學後，下一步也在考慮要不要去工作？之前也在考慮要不要盤店，但孩子雖去上學，畢竟還是要接送，所以也無法開店做生意，最後也是放棄。（TL2-2018-11-16-18）

L3：我能給他們的有限，還好他們的姑姑都會幫忙，不然那些功課我根本不會。現在就是平安健康養大就好。（TL3-2018-11-16-11）

面對孩子議題時，L1 個案重視孩子「安全感」和「快樂」，決定自己帶的最大原因是「安全感」，對保姆不放心所至，再來才是讓孩子快樂成長。L2 個案則是重視孩子「精神成長」，接下來才是重視自己的「放鬆」、「金錢」，寧願忙完孩子剩餘的時間才給自己，以及考慮孩子長大後的經濟規劃。L3 個案明白自己的能與不能，加上其中一個孫子患有先天疾病，因此，個案認為「平安」「健康」長大就好。三位個案皆有依照自己內在重視的生命價值排序生活，並達到生活的平衡。

C. 災後

L1：先生調職，回偏鄉就職，我就能夠回來了～調回屏東，住林邊，離家裡近。現在排水系統已改善很多，颱風時新聞也很少報導到林邊了。搬回林邊這 3-4 年，遇到漲潮還是有水淹到客廳的情形，不過很快就退了，我比較擔心停在外面的車子。雖是如此，還是多少會擔心，現在冰箱都有用空心磚墊高，貴重家電也都搬到二樓。不是只有我們這樣，大部分的鄉民都如此。（TL1-2018-11-16-3）

L1-1：從北部回來去讀書，鄉下學校一班才 7 人，一開始好不習慣，久了也就適應了。（TL1-2018-11-16-3）

L2：住的近，隨時都可以回來，看看他們我覺得很好。（TL2-2019-01-16-4）

L2-2：我們常回阿嬤家。（TL2-2-2018-11-16-4）

L3：以前我先生捕魚，當然就只能在這裡，搬離開也不知道要去哪裡，我都跟著我先生。他死後，很多人也叫我搬，我不要，我妹也都叫我搬，避免觸景生情，我也不要，因為這棟房子是我和先生拚來的，這裡有很多跟我先生的回憶。（先生已過世）（TL3-2018-11-16-9）

淹水後很多人都搬離開林邊，房價跌到極點，沒人要買。這幾年排水系統有改善，人潮有回來，房價及租金都有回來。不然每到颱風天就有好幾台電視台的採訪車停在林邊準備採訪。（TL3-2018-11-16-30）

L1 的價值觀排序為「先生」、「父母」最後是自己的「安全感」，所以風災發生後，因為先生工作因素，仍是選擇在外地居住。然而，過程 L1 個案也在先生支持下，往返家裡居住數星期，甚至幾個月，取其與父母間相處的平衡。等到先生有調職機會，選擇回到林邊，並租房子在娘家附近，更能兼顧自己重要排序的價值觀。在安全感部分，雖然林邊仍是每逢漲潮時，海水倒灌仍有淹水危機，L1 個案則運用貴重物品搬到 2 樓及墊高冰箱做防範。因為 L1 個案一直很清楚自己的定位（新生家庭優於原生家庭）及內在價值觀排序，故能在面臨抉擇時，不論災後及婚後，皆能從中找到三端的平衡點。L2 的價值排序為「父母」（L3）、「姪女」（L3-1）及「姪子」（L3-2）都是重要的，故在婚後就選擇回來屏東可以就近照顧到娘家部分。L3 的價值排序為「情義」和「就業」大於「住屋安全」及「房子價值」，所以災後鄰居陸續搬走以先生工作為主，繼續留在林邊。先生過世後，姊妹勸說都無法動搖，最大原因在於房子有與先生的情份在。孩子價值觀排序「媽媽」及「阿嬤」都在前，所以都是跟著媽媽和阿嬤的選擇。研究者觀察上述 L1、L2、L3、L1-1 及 L1-2 個案樣本皆有在災後居住選擇上取其平衡。

3. 模組三「高瞻遠矚的智慧」——我要如何做到？

研究者以體道者的角色協助個案釐清需求並評估其信念價值觀能否與實際獲得平衡，更進一步激發出個案認為可以增加收入的方法，探討怎麼做可以達到？

整個過程成其所成，掌握老子：「生而不有，為而不恃，長而不宰。」（〈第十章〉）〔註 75〕道家式訪談有別諮詢或心理治療，會像隊友般的互動，協助個案聚焦，持續朝著個案想要的目標前進。

L1：我也會想要有收入，有賺錢就更有動力去做，不會乏味。因為代表自己的作品被人肯定或喜歡。（TL1-2019-01-05-1）

最先是陸續看見 FB 有 DIY 作品，周圍朋友也都在做，只是當時沒什麼信心。會開始接觸是因為小孩在學捏黏土，我跟著學，發現興趣。（TL1-2019-01-05-2）

收入最高的是冷媒桶。想法從新聞看到，我就跟朋友要三個冷媒桶，一放好幾年擺著不動，直到兩年前搬家，看到開始彩繪，有人有興趣詢問價格，我做興趣，單價不高，隨著轉介紹，至今已賣一萬多個有了。（TL1-2019-01-05-3）

手作品我很喜歡，也有成就感。不過我先生會跟我說：你喜歡

〔註 75〕〔魏〕王弼注：《老子道德經注》，收入於樓宇烈校釋：《王弼集校釋》，頁 8。

就去做！但不希望你賣！因為他希望我以他的時間為主，以他為中心，但這樣我很困擾，以前做大工廠要趕貨給對方，先生休假邀外面吃飯，我說不行，他就會不高興，現在就不敢接。（TL1-2019-01-05-4）

擺攤很好玩，但沒有勇氣，暫時不會考慮想要再額外擺攤或網路上賣，因為擔心版權問題。擺附近的就好了～對我而言就是創作沒有在分正版或港貨。（TL1-2019-12-15-1）

身為家庭主婦的 L1，也會希望增加收入，原因是自己作品被人肯定或喜歡，因此，在穩定家裡後，想要提升的就是身為家庭主婦的「自我價值」。然而，研究者在協助推廣接到大量訂單時，個案就會擔心過於忙碌，造成家庭不和諧。以及出貨量多，是否會擔心版權問題，這些都會造成個案恐懼。針對個案恐懼，研究者運用道家的跟隨及提問協助 L1 個案有效解決問題。以目標「家庭和諧」而言，協助個案找出兼顧「先生」與「自我價值」價值觀的方法，就是出貨時間以個案為主的接單。以目標「維持安全感」而言，與 L1 個案共同討論版權議題，搜尋臺灣有關著作權法之相關資料，得知「剽竊」或「仿冒」他人「思想及創意」，在臺灣並不會構成著作權之侵害。〔註 76〕讓個案能夠安心，回到生命的流暢。

L2：小朋友學校辦活動，要幫忙孩子裝扮，我就上網自學，縫縫補補後還挺有成就感，後來就開始研發小禮服、頭套、髮飾、吊飾等。（TL2-2019-01-05-1）

我自尊心比較高一點，會擔心自己的作品不如人家。（TL2-2019-01-05-2）

會想多一份收入，沒有人詢問會失落，有錢進帳會覺得成就感。（TL2-2019-01-05-3）

在編織的過程，我覺得我手工品的價錢訂太低，花的時間與賺的不成正比，心裡會很不平衡，調整後就好多了。（TL2-2019-01-05-4）

〔註 76〕事實上，著作權法禁止「重製」或「改作」，「剽竊」一詞如何在著作權法中找到侵害著作權之對應行為，有待進一步定義，而「仿冒」則屬商標法之「相同」或「近似」標識，並不在著作權法所禁止之範圍。〈著作權基本概念篇 11~20〉：《經濟部智慧財產局》網站，更新 2023 年 7 月 14 日，網址：https://www1.tipo.gov.tw/ct.asp?xItem=219595&ctNode=7561&mp=1（2023 年 7 月 14 日檢索）。

在機緣下發現 L2 個案對於手工品的細膩天賦，支持個案朝天賦發展。因 L2 個案對自我信心明顯不足，加上決定信心權柄在他人身上，導致手工品推廣過程，心態上容易患得患失。研究者在整個過程皆擔任支持者的角色，給予肯定與支持，除了帶回實際的金流也傳遞消費者的正向回饋，從中建立 L2 個案的自信心，讓 L2 個案進而主動想研發新產品，提升自信心和自我實現。另外，L2 個案提到價錢擬定的問題，研究者陪伴 L2 個案重新擬定一個符合她自身、銷售端和市場消費端皆能接受的價位，幫助 L2 個案恢復生命的流暢。

> L3：先生捕魚，我以前跟著先生去賣魚，先生過世後，剩我還要照顧兩個孫子，我的身體也沒有比較好，不知道能做什麼？很擔心時，感謝鄉長給予工作機會，因為平常都在整理家裡，所以掃地維護社區環境我還可以，有一份收入可以補貼家裡，真的很感恩。（TL1-2019-01-05-3）
>
> 他們在忙製作手工時，我就幫忙接送、煮吃的，大家在一起感覺很好。（TL1-2019-01-05-4）

L3 個案目標是「養活孫子，增加收入」，所以 L3 個案很安於自己的能與不能，選擇一份適合自己的兼差工作。在其他兩位 L1 和 L2 個案製作手工藝品時，L3 個案自然的做補位動作，不論是接送小孩或者伙食打理，讓研發團隊流暢運行，產生高效能，實現體道者成其所成的特質。研究者在整個過程擔任支持陪伴的角色，並全然相信生命會為自己找到出口。L3 個案也在社區打掃工作之外，又能在研發團隊上找到屬於自己的定位。

4. 模組四「內外辯證的實踐」——我要如何處世？

具體實踐方案，以下依三期工作計畫及銷售成果進行分析。第一期計畫工作項目包括「小禮服」、「和服鑰匙圈」、「造型磁鐵」、「客製化訂做」（圖 6-5、圖 6-6、圖 6-7、圖 6-8、圖 6-9、圖 6-10）。

> L1-1：我媽會捏黏是因為我想學，想不到她現在捏的比我還開心。（TL1-1-2019-06-14-1）
>
> L2-2：我覺得我媽很強！（TL2-2-2019-06-14-2）
>
> L2-3：覺得很好玩。（TL2-3-2019-06-14-3）
>
> L3-2：大家都常聚在阿嬤家做手工，很熱鬧。（TL3-2-2019-06-14-2）

孩子參與媽媽手工品開發的過程，對媽媽角色多了份認同，融入當下覺得有趣外，同時增進了家庭彼此間的關係。

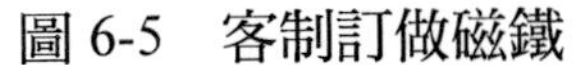

圖 6-5　客制訂做磁鐵

圖 6-6　客制訂做磁鐵

圖 6-7　季節性磁鐵

圖 6-8　客制訂鑰匙圈

圖 6-9　小禮服鑰匙圈

圖 6-10　和服鑰匙圈

第二期計畫工作項目包括「和風球」(圖 6-11)、「日式髮飾」(圖 6-12、圖 6-13、圖 6-14、圖 6-15)，搭配「冷媒彩繪存錢桶」過程讓就讀國小美術班 L2-1 個案參與彩繪瓦斯桶（圖 6-16、圖 6-17)，將成品網上進行拍賣，起標 600 元，最後 1200 元結標。

圖 6-11　和風球鑰匙圈

圖 6-12　客製髮飾

圖 6-13　客製髮飾

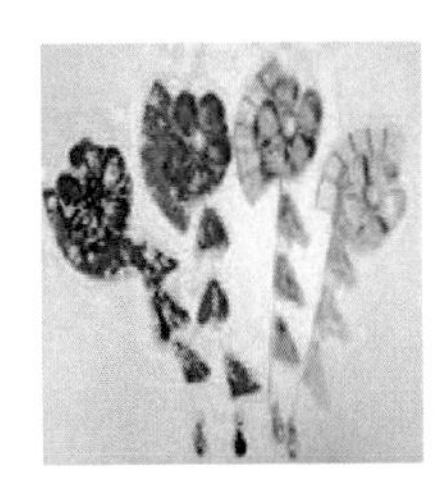

圖 6-14　客製髮飾

圖 6-15　客製髮飾

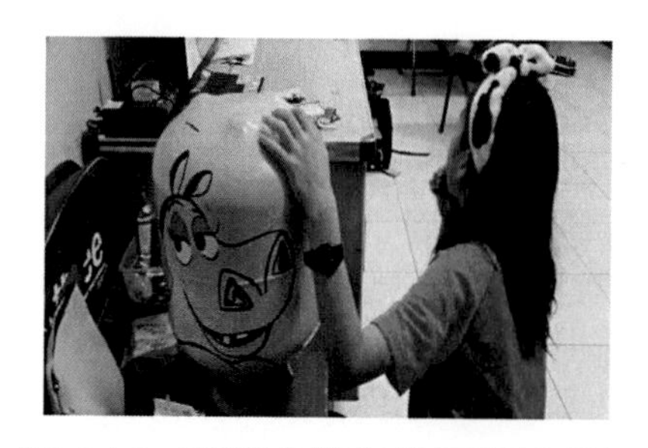

圖 6-16　競標冷媒存錢桶彩繪過程　　圖 6-17　競標冷媒存錢桶彩繪過程

L2-1：賺到錢很開心阿，學畫畫可以賺錢耶！（微笑、揮手並搖屁股）（TL2-1-2019-06-18-2）

L2-2：我也要讀美術班……。（TL2-2-2019-06-18-2）

此次作品售出，L2-1 個案表示很開心，對於獲得的報酬感到歡喜外，也從中加強了自身對於美術選擇的信心。同時也鼓勵到有天賦，但對自己信心較不足的妹妹。在此段期間，L1 和 L2 兩位家庭主婦個案皆非常努力，運用安頓好家裡一切的空檔，製作手工品。另一位 L3 兼職主婦個案則是打理庶務及協助手工品推廣，過程也讓 L3-1 和 L3-2 個案可以參與其中，有新的體驗外，覺得有趣好玩。

第三期計畫工作項目包括「當地市集擺攤」（圖 6-18、圖 6-19），總動員一同前往市集進行擺攤，從佈置場地，陳列物品到學習銷售。

圖 6-18　當地市集第一次擺攤

圖 6-19　當地市集第二次擺攤

L1：冷媒桶賣的最好，嘿嘿～（TL1-2019-12-15-2）

L1-1：我覺得我媽把我的作品定價訂的太低了。我堅持我的價格，真的都沒有人買……（TL1-1-2019-12-15-2）

L1-2：我期待有人會買我做的鑰匙圈。（TL1-2-2019-12-15-1）

我待在這裡（攤位），跟媽媽在一起就好了……（TL1-2-2019-

12-15-2）

L2-1：我覺得爸爸賺錢很辛苦。（TL2-1-2019-12-15-1）

L2-2：我帶著妹妹去附近玩，看有什麼好玩的～（TL2-2-2019-12-15-1）

L3-1：大人怎麼說我就怎麼配合～（TL3-1-2019-12-15-1）

L3-2：有零用錢可以賺當然要試～（TL3-2-2019-12-15-1）

和孩子一同體驗兜售，過程同時機會教育，L1 個案和 L1-1 個案討論市場接受度，嘗試對手工品定價，讓孩子去經驗市場的反應，鬆動自己的既定認知。當中 L2-1 個案賣出 4 條親手編織的手環，一共賺得 20 元。事後詢問感受，孩子就開始覺得爸爸「賺錢不易，要珍惜」。除了體會金錢觀外，也從中認識孩子個性，在面臨一項交派任務時，孩子展現不同的處事模式。L3-1 個案和 L3-2 個案比較外向，就直接裝在小盒子走出攤位，跟陌生人進行銷售，想辦法使命必達，目標賺取自己的零用金；L1-1 個案比較害羞，從頭到尾就躲在攤位內觀看過了一天；L2-2 個案和 L2-3 個案則是直接放棄，四處逛其他攤位，探索驚奇。以上為參與觀察的研究歷程，研究者對此次社會關懷的輔導成果，將分成「行銷策略評值」、「參與成員反饋」及「研究成果建議」三點，統一在第玖章結論時進行分析及說明。